Jules Lwesso Kisalima

Deux ans la terre écoute la voix du semeur

Jules Lwesso Kisalima

Deux ans la terre écoute la voix du semeur

Les faux évangiles dans le monde, l'enlèvement des rachetés, le retour du Seigneur et un nouvel univers comme résidence des rachetés

Éditions Croix du Salut

Imprint
Any brand names and product names mentioned in this book are subject to trademark, brand or patent protection and are trademarks or registered trademarks of their respective holders. The use of brand names, product names, common names, trade names, product descriptions etc. even without a particular marking in this work is in no way to be construed to mean that such names may be regarded as unrestricted in respect of trademark and brand protection legislation and could thus be used by anyone.

Cover image: www.ingimage.com

Publisher:
Éditions Croix du Salut
is a trademark of
International Book Market Service Ltd., member of OmniScriptum Publishing Group
17 Meldrum Street, Beau Bassin 71504, Mauritius
Printed at: see last page
ISBN: 978-613-7-37375-0

TERRE ECOUTE LA VOIX DU SEMEUR

DEUX ANS LA TERRE ECOUTE LA VOIX DU SEMEUR

L'EPOUSE S'EST PREPAREE
Bienaimé (e), nous avons la mission de préparer " L'EPOUSE" à ne pas se prostituer dans les ténèbres de l'occultisme, du satanisme et du plaisir de ce monde Jésus Christ ne revient pas pour une vierge folle emportée par le succès, le plaisir, l'argent, le pouvoir et la célébrité, le Seigneur revient pour une vierge sage, une épouse qui l'attend où l'Esprit en elle et l'épouse disent : " vient "
Ma sœur et mon frère, nous avons beaucoup à faire pour se préparer. Premièrement : Colossiens 3:1-2 " Si donc vous êtes ressuscité avec Christ, cherchez les choses d'en haut, où Christ est assis à la droite de Dieu. Attachez-vous aux choses d'en haut, et non à celles qui sont sur la terre" Tournez vos regards sur Jésus Christ et sur sa parole et non sur ce qu'il y a dans ce monde. La parole nous encourage à racheter le temps car les jours sont mauvais : Ephésiens 5 :16 " Racheter le temps, car les jours sont mauvais " La Bible nous dit également : Colossiens 3:4" Quand Christ votre vie, paraitra, alors vous paraitrez aussi avec lui dans la gloire " Bienaimé (e), Christ est votre vie, vous irez avec lui dans la gloire. C'est ne pas votre carrière professionnelle, votre position sociale, votre richesse, vos loisirs et tout ce qui vous retient dans ce monde de péché qui doit être votre vie mais plutôt " CHRIST LE VERITABLE"
MERCI DE SE PREPARER POUR L'EPOUX QUI ARRIVE BIENTOT.
TERRE ECOUTE LA VOIX DU SEMEUR

LES VIERGES FOLLES ET VIERGES SAGES : DONNEZ NOUS DE VOTRE HUILE
Bienaimé (e), avez-vous l'huile en vous qui vous prépare à rencontrer l'EPOUX lors du GRAND JOUR. Matthieu 25 : 8-13 " Les folles dirent aux sages : donnez-nous de votre huile, car nos lampes s'éteignent. Les sages répondirent : Non, il n'y en pas assez pour nous et pour vous, allez plutôt chez ceux qui en vendent, et achetez en pour vous. Pendant qu'elles allaient en acheter, L'EPOUX arriva, celles qui étaient prêtent entrèrent avec lui dans la salle des noces, et la porte fut fermée. Plus tard, les autres vierges vinrent, dirent Seigneur, Seigneur, ouvre nous, Mais il répondit : je vous le dit en vérité, je ne vous connais pas. Veuillez donc, puisque vous ne savez ni le jour, ni l'heure." Ma sœur et mon frère, Christ le véritable est L'EPOUX de son Église, il l'a aimée le premier quand il est venu d'abord dans une chair semblable à celle qui est assujettie au péché, sous la forme d'un " serviteur" Mais il doit revenir, comme Roi de gloire, célébrer ses fêtes nuptiales, juger les vivants et les morts et faire entrer son EPOUSE dans les palais éternels. Bienaimé(e), l'Epouse c'est l'Assemblée des croyants tandis que les VIERGES, amies de L'EPOUSE, ce sont les vrais croyants pleins de l'huile et la lumière (l'esprit de Dieu et la Parole de Dieu qui fait luire leur lumière devant les hommes et femmes du monde. Est vrai sage aux yeux de Dieu vivant, celui qui pense aux jours éternels, qui s'occupe des intérêts de son âme, qui s'attache aux choses d'en haut, qui aime et craint Dieu. La vraie folie, c'est la poursuite des vanités de la terre sans prendre l'huile. Les sages sont les croyants convertis, nés de nouveau par le Saint Esprit avec un cœur purifié par la foi en JESUS CHRIST. L'époux vint et celles qui étaient prêtent entrèrent avec lui aux noces et la porte fut fermée. Oh bonheur des vierges sages, oh un repos éternel. Aucun ennemi ne pourra plus les séparer de l'amour du Seigneur, Satan sera lié des chaines éternelles. Pour les folles, plus de temps pour remplir l'huile et donner la lumière, elles sont laissées dans les ténèbres du dehors, loin de la face du Seigneur, un lieu des grincements de dents (Apocalypse 10:6 et Matthieu 8:12).

Merci de ne pas attendre ainsi les derniers jours pour aller vers ceux qui vendent l'huile et que l'Epoux arrive, le jugement arrive et la porte fermée pour toujours. Veuillez donc mon frère et ma sœur car nous ne savons ni le jour ni l'heure à laquelle, le Fils de l'homme doit venir.

TERRE ECOUTE LA VOIX DU SEMEUR

JE NE VOUS AI JAMAIS CONNUS

Bienaimé (e), les fils/filles du Dieu vivant sont celles et ceux qui sont conduits par l'Esprit saint également sont dans la vérité (écoutent et mettent en pratique la parole de Dieu. Car c'est cela la volonté de Dieu. Mon frère et ma sœur sans cela vous servez un " dieu" que vous ne connaissez pas et donc un travail non connu par notre Père céleste.

Matthieu 7:21-23 : " Ceux qui me disent : Seigneur, Seigneur ! N'entreront pas tous dans le royaume des cieux, mais seulement celui qui fait la volonté de mon Père qui est dans les cieux. Plusieurs me diront en ce jour-là : Seigneur, Seigneur, n'avons-nous pas prophétisé par ton nom ? N'avons-nous pas chassé des démons par ton nom? Et n'avons-nous pas fait beaucoup de miracle par ton nom ? Alors je leur dirai ouvertement : je ne vous ai jamais connus, retirez-vous de moi, vous qui commettez l'iniquité.". Ce texte veut montrer l'importance d'accomplir la volonté du Père. Faire des bonnes œuvres, prophétiser, chasser les démons et faire de nombreuses miracles sans l'Esprit de Dieu en vous et sans mettre en pratique la parole de Dieu nous n'obéissons pas à la volonté de Dieu. De ce fait nous serons condamnés le jour du jugement.

bienaimé (e), attention ne soyez pas classé parmi celles et ceux qui ont servi toute leurs vie un "dieu" qu'ils ne connaissent pas.

Merci de prendre une décision pour ce faire.

TERRE ÉCOUTE LA VOIX DU SEMEUR

JESUS EST LA PORTE DES BREBIS

Bien-aimé (e); Jésus est la porte des brebis : Jean 10:7-10 " Jésus leur dit encore: En vérité, en vérité, je vous le dit, je suis la porte des brebis. Tous ceux qui sont venus avant moi sont des voleurs et des brigands ; mais les brebis ne les ont point écoutés. Je suis la porte. Si quelqu'un entre par moi, il sera sauvé ; il entrera et il sortira, et il trouvera des pâturages. Le voleur ne vient que pour dérober, égorgé et détruire ; moi, je suis venu afin que les brebis aient la vie en abondance. bienaimé (e), avez-vous trouvé la porte par laquelle les brebis ont la vie en abondance? Merci de prendre une décision pour ce faire.

TERRE ECOUTE LA VOIX DU SEMEUR.

COMMENT MARCHEZ VOUS LE LONG DU CHEMIN RESSERE QUI MENE A LA VIE?

Bienaimé(e), « la marche sans péché avec Dieu » le long du chemin resserré est différente de celle effectuée par les hommes et les femmes plongés dans un monde où règne la compétition, la satisfaction des convoitises individuelles, la recherche des richesses et d'intérêts personnels. Assurons-nous que nous sommes des brebis sous la conduite du bon berger avançant aux coté de Dieu, dans la foi et l'unité, tout au long de notre vie en nous concentrant sur Dieu et en suivant ses commandements. Ainsi nous resteront sur le droit chemin.

Dans l'ancien testament Hénoc est le premier personnage biblique dont on dit qu'il « marchait avec Dieu. » : Genèse 5 : 22 :24 « Hénoc, après la naissance de Metuschelah, marcha avec Dieu trois cent ans, et il engendra des fils et des filles. Tous les jours

d'Hénoc furent de trois cent soixante –cinq ans. Hénoc marcha avec Dieu, PUIS IL NE FUT PLUS, PARCE QUE DIEU LE PRIT. »
Hénoc était très proche de Dieu que celui-ci l'amena au paradis à la fin de sa vie. Si ce passage ne suggère pas que quiconque marche avec Dieu sera amené au paradis sans voir la mort, il implique tout de même que marcher avec Dieu ouvre le chemin vers le paradis. Bien aimé(e), vous souhaite bonne marche sans péché avec Dieu dans ce chemin resserré vers la Jérusalem céleste avec espoir de nous y rencontrer le Jour J.

QUEL EST VOTRE CHEMIN, LE CHEMIN SPACIEUX OU LE CHEMIN RESSERRE ?
Bien aimé(e), Matthieu 7 :13-14 : « Entrer par la porte étroite. Car large est la porte, spacieux est le chemin qui mènent à la perdition, et il y en a beaucoup qui entrent par là. Mais étroite est la porte, resserré le chemin qui mènent à la vie, et il y en a peu qui les trouvent. »
Assurons nous de progresser dans le chemin resserré. Le chemin spacieux est le chemin du monde, le chemin resserré est le chemin de Dieu. Le chemin spacieux est conduit par le diable, le père du mensonge : Jean 8 :44 « Vous avez pour père le diable, et vous voulez accomplir les désirs de votre père. Il a été meurtrier dès le commencement, et il ne tient pas dans la vérité, parce qu'il n'y a pas de vérité en lui. Lorsqu'il profère le mensonge, il parle de son propre fond, car il est menteur et le père du mensonge. » Par contre le chemin resserré est conduit par la parole de Dieu, par la vérité et par la lumière de Dieu.
Le monde aime le chemin spacieux. Et vous ma sœur et mon frère quel est votre choix ? Prenez le chemin resserré qui est celui de la sanctification, car sans la sanctification, personne ne verra Dieu : Hébreux 12 :14 « Recherchez la paix avec tous, et la sanctification, sans laquelle personne ne verra le Seigneur. »
Bien aimé(é), Etre bel homme, une belle femme, riche avec beaucoup d'argent, célèbre dans le sport, dans la musique et autres, pasteur, prophète , bishop, apôtre de renommé , Dieu dit que sans la sanctification personne ne le verra.
C'est quoi la sanctification ? Jésus est la sanctification. C'est être séparé pour Dieu en laissant le Christ Véritable régner en vous.
Merci de prendre une décision pour ce faire.
TERRE ECOUTE LA VOIX DU SEMEUR

ENTRER PAR LA PORTE ÉTROITE QUI MÈNE VERS LE LIVRE DE VIE DE L'AGNEAU IMMOLE
Bien aimé(e), vous êtes parmi les élus de Dieu avant la fondation du monde, il ne vous reste que de s'inscrire dans le livre de vie de l'Agneau immolé maintenant. Je me charge de vous indiquer la porte pour y arriver. Matthieu 7 :13-14 :
« Entrer par la porte étroite. Car large est la porte, spacieux est le chemin qui mènent à la perdition, et il y en a beaucoup qui entrent par là. Mais étroite est la porte, resserré le chemin qui mènent à la vie, et il y en a peu qui les trouvent. »
Ma sœur et mon frère, prenez la porte étroite, le chemin resserré, entrez dans votre cœur et y rencontrer le Christ, l'Agneau de Dieu qui ôte les péchés du monde, identifiez tous vos péchés, confessez les et demandez-lui sincèrement pardon. Merci de le faire, il va vous combler de l'Esprit saint, seule puissance qui va désormais diriger votre âme comme vous devenez une nouvelle créature. Ma sœur et mon frère vous allez bientôt recevoir ce message toujours dans votre cœur « votre inscription dans le livre de vie a réussi, vous êtes désormais citoyen de la Jérusalem céleste. ». Soyez la bienvenue dans

le royaume de notre Père céleste. Ne rentrez plus vers la porte large, chemin spacieux ouverte par la bête pour séduire les hommes et les femmes qui courent pour les honneurs, le pouvoir, l'argent, les richesses, être célèbre dans le monde, accomplir les plaisirs du corps et autres péchés. Leur destination finale est le lieu de tourment où ils grinceront les dents éternellement (la perdition).
Merci de prendre une décision pour ce faire.
TERRE ECOUTE LA VOIX DU SEMEUR

LE LIVRE DE VIE DE L'AGNEAU

Bienaimé (e), le livre de vie contient le nom de chaque racheté. Cela a été révélé à Daniel dans l'ancien testament bien avant l'apôtre Jean dans l'ile de Patmos : Daniel 12:1-2 " En ce temps-là se lèvera Michael, le grand chef, le défenseur de ton peuple, ce sera une époque de détresse, telle qu'il n'y en a point eu de semblable depuis que les nations existent jusqu'à cette époque. En ce temps-là, ceux de ton peuple qui seront trouvés inscrits dans le livre seront sauvés. Plusieurs de ceux qui dorment dans la poussière de la terre se réveilleront, les uns pour la vie éternelle, et les autres pour l'opprobre, pour la honte éternelle " A la naissance de toute personne, il y a un livre qui lui est assigné dans lequel sont inscrite toutes ses actions jusqu'à' sa mort. Dieu le Père inscrit dans le livre de vie de l'agneau le nom de tout être humain qui " se convertit à CHRIST " C'est pour cette raison que le Seigneur Jésus avait dit avec assurance qu'il est " le chemin, la vérité et la vie éternelle nul ne vient au Père sans passer par lui : Jean 14:6 " Jésus lui dit : je suis le chemin, la vérité et la vie. Nul ne vient au Père que par moi "Dans le même ordre d'idée le Seigneur avait dit à ses disciples au retour de la mission de se réjouir car leurs noms sont écrits dans les cieux : Luc 10: 20 " Cependant, ne vous réjouissez pas de ce que les esprits vous sont soumis, mais réjouissez-vous de ce que vos noms sont écrits dans les cieux "
Ma sœur et mon frère aucun autre nom en dehors de Jésus Christ de Nazareth ne peut vous inscrire dans les cieux. Car c'est lui la vie éternelle. Il vous appartient à recevoir Jésus Christ comme Seigneur et Sauveur de vivre vie, cela nécessite de se reconnaitre comme pécheur, se repentir, être conduit par la parole de Dieu et l'Esprit de Dieu, ipso facto vous êtes né de nouveau. Vous devenez ainsi un racheté inscrit dans le livre de vie de l'agneau.
TERRE ECOUTE LA VOIX DU SEMEUR

LE LIVRE DE VIE DE L'AGNEAU (IMMOLE) : Y ETES VOUS INSCRIT MA SŒUR ET MON FRÈRE !

Bien aimé(e), avant qu'il ne soit trop tard, vérifiez si vous avez la vie en Christ, votre nom ipso facto inscrit dans le livre de vie de l'agneau. Ce livre pourrait être appelé le livre de la réalité. C'est le livre des conseils de Dieu pour la terre, c'est –à-dire qu'il est en relation avec des bénédictions terrestres, mais qui sont fondés, comme les célestes, sur le sang de l'Agneau. C'est pourquoi les noms inscrits dans ce livre sont « dès la fondation du monde. » : Apocalypse 13 : 7-8 « Il lui fut donné de faire la guerre contre le Saints, et de les vaincre, il fut donné autorité sur toute tribu, tout peuple, toute langue, et toute nation. Et tous les habitants de la terre l'adoreront, ceux dont le nom n'a pas été écrit dans le livre de vie de l'Agneau qui a été immolé dès la fondation du monde. » Apocalypse 17 :8 « La bête que tua vue était, et elle n'est plus. Elle doit monter de l'abîme, et aller à la perdition. Et les habitants de la terre, ceux dont le nom n'a pas

été écrit dès la fondation du monde dans le livre de vie, s'étonneront en voyant la bête, parce qu'elle était, et qu'elle n'est plus, et qu'elle reparaîtra. » Bien aimé(e), L'élection des croyants du temps de la grâce a eu lieu déjà avant la fondation du monde : Éphésiens 1 :4. « En lui Dieu nous a élus avant la fondation du monde pour que nous soyons saints et irréprochables devant lui. » Jamais aucun nom ne sera effacé de ce livre de la réalité. Car il contient exclusivement les noms de ceux qui sont rachetés par le sang de l'Agneau de Dieu et qui possèdent la vie éternelle. Il n'y a que cela pour permettre à un homme et à une femme l'accès à la Jérusalem céleste : Apocalypse 21 :27 « Il n'entrera chez elle rien de souillé, ni personne qui se livre à l'abomination et au mensonge, il n'entrera que ceux qui sont écrits dans le livre de vie de l'Agneau. »
Merci de prendre une décision pour ce faire.

LA NATURE DE CHRIST EN NOUS INDISPENSABLE POUR NOTRE ENLÈVEMENT LE JOUR J

Bien aimé(e), le disciple de Christ revêt une nouvelle nature en marchant comme « enfant de lumière » Éphésiens 5 : 8
« Autrefois, vous étiez ténèbres et maintenant vous êtes lumière dans le Seigneur. Marchez comme des enfants de lumière » 1 Jean 1 :7 « Mais si nous marchons dans la lumière, comme il est lui-même dans la lumière, nous sommes mutuellement en communion, et le sang de Jésus son Fils nous purifie de tout péché ». Cette nouvelle nature donne trois faits absolus qui caractérisent celui qui est « né de Dieu » :
- Il ne pratique pas le péché et ne peut pas pécher : 1 jean 3 :9 « Quiconque est né de Dieu ne pratique pas le péché, parce que la semence de Dieu demeure en lui et il ne peut pécher, parce qu'il né de Dieu. »
- Il est victorieux du monde : 1 jean 5 :4 « Car tout ce qui est né de Dieu triomphe du monde, et la victoire qui triomphe du monde, c'est notre foi qui croit que Jésus Christ est le fils de Dieu »
- Le malin ne le touche pas : 1 Jean 5 :18 « Nous savons que quiconque est né de Dieu ne pratique pas le péché, mais celui qui est né de Dieu se garde lui-même, et le malin ne le touche pas »

Bien aimé(e), cette nature divine en vous est indispensable lors de l'enlèvement le jour J.
Merci de prendre une décision pour ce faire.
TERRE ECOUTE LA VOIX DU SEMEUR

LE RETOUR DE L'EPOUX, CHRIST LE VERITABLE

Bienaimé, veillons notre enlèvement est proche. Certaines personnes pensent que la fin du monde est imminente. Il est vrai que " la terre chancelle comme un homme ivre, elle vacille comme une cabane, son péché pèse sur elle, Elle tombe, et ne se relève plus " (Essaie 24: 20). Mais celui qui l'a créée la soutient par la parole de sa puissance (hébreux 1:3) et lui seul décidera de sa fin. De toute façon, il doit s'écouler encore mille ans (durée du règne millénaire : apocalypse 20:4) avant que les cieux et la terre de maintenant soient détruits. Mais ma sœur et mon frère ce qui est imminent et qui peut se produire avant même que vous ayez fini de lire ce message, " C'EST LE RETOUR DE L'EPOUX, CHRIST LE VERITABLE". bienaimé (e), aucun signe ne l'annoncera. Le Seigneur Jésus viendra du ciel en un clin d'œil, et il appellera tous les siens et siennes qui lui appartiennent. Seuls ceux- là entendront sa voix car détenant en eux l'Esprit de Dieu.

Les morts dans la foi en Christ ressusciteront, et les croyants vivants seront enlevés (1 Thessaloniciens 4:13-18). Tous ensembles, revêtus de corps glorifiés, partiront à la rencontre de Celui qui les introduira dans la maison de son Père où ils seront toujours avec lui. Ça sera la réponse à sa prière : " Père, je veux, quant à ceux que tu m'as donnés, que là où je suis, moi, ils y soient aussi avec moi (Jean 17:24).
Merci d'être parmi celles et ceux qui ont refusé Baal, ses démons et ses agents de ce monde.
TERRE ECOUTE LA VOIX DU SEMEUR.

VOICI, IL VIENT AVEC LES NUEES, ET TOUT OEIL LE VERRA !

Bienaimé (e), vierge folle, Christ le véritable, revient comme juge et gouverneur du monde. Repentez-vous, revenez à la croix, réconciliez-vous avec le Dieu vivant afin d'avoir la paix de votre âme. Apocalypse 1: 7 : " Voici, il vient avec les nuées. Et tout œil le verra, même ceux qui l'ont percé, et toutes les tribus de la terre se lamenteront à cause de lui. Oui. Amen" Ma sœur et mon frère, les nuées dénotent la gloire et les terreurs de la seconde venue de Christ. Il vient alors pour rencontrer tous les hommes et femmes, Israël, le peuple qui l'a rejeté et crucifié est concerné. Christ le véritable, retourne en triomphe sur cette terre. Jean annonce la venue du Seigneur dans les termes même employés par son maitre (Mathieu 24:30 et 26: 64), le triomphe de Christ sera visible par tous, ce sera l'inverse de ce qui s'est passé lors de sa première venue. Il se manifestera à ses ennemis qui seront déconcertés par ce renversement inattendu des rôles. Ma sœur et mon frère, il est nullement question d'un retour secret ou invisible " Tout l'œil le verra", ceux qui ont percé son côte et le cloué à la croix le verront, aussi les rabbins juifs qui l'ont rejeté mais font la magie au nom du judaïsme, le verront, ceux qui l'ont remplacé par " Marie", le verront, les dieux Kimbangu " Simon Kimbangu, ses 3 fils et le petit fils déifiés dans leur nouvelle Jérusalem", le verront, tous les agents de baal initiateur des faux évangiles, le verront, tous les loups (prophète, apôtre, bishop, révérend, monseigneur créateurs des dénominations / confessions religieuses pour leur ventre, le verront, tous ces " Hommes et femmes de Dieu " qui remplace la parole de Dieu qui sauve par une folklore des prières de guérison miracle, le verront, tous ceux qui considèrent la parole comme une histoire de la colonisation pour endormir un peuple, le verront, les sorciers, magiciens, occultistes et satanistes, le verront.
Bref, toute personne qui l'a renié, ce jour-là il la reniera à son tour.
Bienaimé (e), il sera trop tard pour se repentir. De plus, le jugement s'étendant à l'humanité entière, ce seront toutes les tribus de la terre qui se frapperont la poitrine. Donc, vous contemplerez celui que l'humanité a crucifié en désespoir pendant que la vierge sage est dans sa présence.
Merci de se repentir et avoir confiance en Christ avant son retour comme Juge et Gouverneur du monde.
TERRE ECOUTE LA VOIX DU SEMEUR

LES NOCES DE L'AGNEAU

Bienaimé (e), après le procès au tribunal de Christ, le vrai croyant (Epouse du Christ) sera auprès du Seigneur : Apocalypse 19:7 " Réjouissons-nous, soyons dans la joie et rendons lui gloire, car voici venu le moment des noces de l'agneau, et son épouse s'est préparée " Désormais la longue nuit de misère du monde est passée. Le vrai croyant est rendu parfait et uni avec le Seigneur quant à la volonté, au but et quant à la nature. Le

vrai croyant et le Seigneur ne seront plus jamais séparés et ce pour l'éternité : 1 Corinthiens 6: 15 - 17 " Ne savez-vous pas que vos corps sont les membres du Christ ? Prendrai-je les membres du Christ pour en faire les membres d'une prostituée ? Certainement pas ! Ne savez-vous pas que celui qui s'unit à la prostituée est un seul corps avec elle ? En effet, il est dit : les deux ne feront qu'un. Mais celui qui s'unit au Seigneur est un seul esprit avec lui " Le croyant est placé au-dessus des anges, des chérubins, de toute la création de Dieu,
Afin d'être" un associe et une aide pour le Fils de Dieu lui-même" Ma sœur et mon frère, sachez le bien, les héros de l'Ancien Testament et les martyrs de la grande tribulation de l'Antéchrist qui arrive sont des serviteurs de Dieu parmi d'autres et ils ont communion avec Christ. Mais le vrai croyant " Corps du Christ" a une vocation toute particulière, " il est assis à ses côtés, il est égal à lui, il a enduré les mêmes souffrances que le Seigneur a eu sur terre et maintenant, il reçoit sa récompense "
Bienaimé(e), réalisez que c'est la meilleur récompense qui ait jamais été attribuée dans les cieux ou sur la terre " Être placé au-dessus des anges et toute la création de Dieu afin d'être un associé et une aide pour le Seigneur"
Merci de prendre la décision de servir le Seigneur de tout votre cœur, de toute votre âme, de tout votre être et de se préparer pour le jour de sa venue. Car il n'y a pas de plus grande rétribution que cela
TERRE ECOUTE LA VOIX DU SEMEUR

LE TRIBUNAL DE CHRIST ET LA RECOMPENSE DU VRAI CROYANT
Bienaimé (e), le Seigneur ne condamnera pas l'EGLISE avec le monde, toutefois, les vrais croyants comparaitront devant le tribunal de Christ pour y être jugés à son retour lorsqu'il viendra chercher son Église. En fait, " le Seigneur rendra à chacun selon ses œuvres" : Apocalypse 2: 18-23, verset 23 " je frapperai de mort ses enfants, et toutes les Églises reconnaitront que je suis celui qui examine les reins et les cœurs, et je traiterai chacun de vous conformément à ses œuvres". Ma sœur et mon frère, le Seigneur examinera les œuvres et le service du vrai croyant, pour savoir s'il mérite une récompense. Sachez le clairement, les croyants authentiques, fidèles d'une église locale dans un milieu échapperont à la perdition éternelle mais toutes et tous sans exception devront se présenter devant le Seigneur. L'apôtre Paul déclare : Romains 14:10-12 " Mais toi, pourquoi juges-tu ton frère ? Où toi pourquoi méprises-tu ton frère ? Nous comparaitrons tous, en effet, devant le tribunal de Christ car il est écrit, je suis vivant, dit le Seigneur, chacun pliera le genou devant moi et toute langue rendra gloire à Dieu. Ainsi, donc, chacun de nous rendra compte à Dieu pour lui-même" Bienaimé (e), que nous ayons été fidèles où infidèles, le Seigneur examinera la manière avec laquelle nous aurons vécu notre vie chrétienne. Il sera impossible de dissimuler quoi que ce soit car la Bible est claire à ce sujet : Hébreux 4:13 " Aucune créature n'est cachée devant lui : tout est nu et découvert aux yeux de celui à qui nous devons rendre compte"
Merci de s'apprêter au jugement de tribunal de Christ. Sur quoi portera ce jugement de Christ ? La réponse à cette question dans 8 prochaines publications.
TERRE ECOUTE LA VOIX DU SEMEUR

LE TRAVAIL DU VRAI CROYANT EVALUE AU TRIBUNAL DE CHRIST

Bienaimé (e), le dernier aspect de votre vie qui sera évalué est " le travail d'un digne ouvrier du Seigneur" Ma sœur et mon frère, notre travail comme ouvrier dans la moisson du seigneur ne passera pas. inaperçu : 1 Corinthiens 15:58 " Ainsi, mes frères et sœurs bien-aimés, soyez fermes, inébranlables, travaillez de mieux en mieux à l'œuvre du Seigneur, sachant que votre travail n'est pas sans résultat dans le Seigneur" Nous devons être des ouvriers qui annoncent la parole de Dieu qui permet aux gens de se repentir et sauver leurs âmes et non les endormir dans les fables, les prophéties et miracle : 2 Timothée 2:15 " Efforce toi de te présenter devant Dieu comme un homme qui fait ses preuves, un ouvrier qui n'a pas à rougir mais qui expose avec droiture la parole de la vérité" Le Seigneur a mis en chacune et chacun de nous du talent/ don et attend de vous et moi de le fructifier au profit de sa créature " votre prochain" et il revient très prochainement pour demander le compte de ce que vous aviez fait de votre don : 1 Corinthiens 3:8-9 " Celui qui plante et celui qui arrose sont égaux, et chacun recevra sa propre récompense en fonction de son propre travail. En effet, nous sommes ouvriers avec Dieu, Vous êtes le champ de Dieu, la construction de Dieu"

Merci d'être parmi les ouvriers du Seigneur et non parmi les faux apôtres au service du " Serpent ancien"

TERRE ECOUTE LA VOIX DU SEMEUR

LA FOI FERME ET L'ESPERANCE EN CHRIST DU VRAI CROYANT SERONT RECOMPENSEES AU TRIBUNAL DU SEIGNEUR

Bienaimé (e), vous qui croyez fermement à la parole et conduit par l'Esprit de Dieu par la foi, pendant que des milliards d'autres croient les noms d'individus comme eux, votre récompense sera grande. L'apôtre Paul écrit à Timothée : 2 Timothée 4:7-8 " J'ai combattu le bon combat, j'ai. Terminé la course, j'ai gardé la foi. Désormais, la couronne de justice m'est réservée. Le Seigneur, le juste juge, me la remettra ce jour-là, et non seulement à moi, mais aussi à tous ceux qui auront attendu avec amour sa venue. Ma sœur et mon frère, le Seigneur revient avez-vous l'espérance vivante ? : Hébreux 10:35-39 " N'abandonnez donc pas votre assurance, qui est porteuse d'une grande récompense. Oui vous avez besoin de persévérance pour accomplir la volonté de Dieu et obtenir ainsi ce qui vous est promis. Encore bien peu, bien peu de temps, et celui qui doit venir viendra, il ne tardera pas. Et le juste vivra par la foi, mais s'il revient en arrière, je ne prends pas plaisir en lui dit le Seigneur. Quant à nous, nous ne faisons pas partie de ceux qui reviennent en arrière pour leur perte, mais de ceux qui ont la foi pour le salut de leur âme"

Merci d'être de celles ou ceux qui ont la foi pour le salut de leur âme, votre récompense sera grande.

TERRE ECOUTE LA VOIX DU SEMEUR

L'EFFORT DE L'ATHLETE, VRAI CROYANT SERA COURONNE AU TRIBUNAL DE CHRIST.

Bienaimé (e), moi et vous sommes en compétition comme un athlète contre le prince de ce monde qui s'est rebellé contre notre Père céleste et notre Seigneur, le Chef suprême de l'Eglise que vous êtes. Dans cette course, le meilleur sera couronné. L'apôtre Paul compare la vie du croyant à l'effort d'un athlète qui court pour remporter le prix: 1 Corinthiens 9: 24-27 " Ne savez-vous pas que les concurrents dans le stade courent tous, mais qu'un seul remporte le prix ? Courrez de manière à le remporter. Tous les athlètes s'imposent toutes sortes de privations, et ils le font pour obtenir une couronne qui va se détruire, mais nous, c'est pour une couronne indestructible. Moi donc, je cours, mais pas comme à l'aventure, je boxe, mais non pour battre l'air. Au contraire, je traite durement mon corps et je le discipline, de peur d'être moi-même disqualifié après avoir prêché aux autres" Et lui-même était à cet égards, un modèle pour tous les croyants que nous sommes : Phillippiens 3: 13-14 " Frères et sœurs, je n'estime pas m'en être moi-même déjà emparé, mais, je fais une chose : oubliant ce qui est derrière et me portant vers ce qui est devant. Je cours vers le but pour remporter le prix de l'appel céleste de Dieu en Jésus Christ" Ma sœur et mon frère, l'adversaire a donné plusieurs autres noms qui appellent les gens à la rébellion contre le Chef suprême de l'Eglise que nombreuses personnes suivent.

Merci d'être un sérieux et endurant coureur avec que " le nom du Seigneur Jésus Christ" Car il n'y a aucun autre nom qui sauve en dehors de lui.

TERRE ECOUTE LA VOIX DU SEMEUR

L'USAGE DES BIENS MATERIELS DU VRAI CROYANT JUGE OU RECOMPENSE AU TRIBUNAL DE CHRIST

Bienaimé (e), le vrai croyant doit éviter de faire de l'argent une idole tout comme prétendre qu'il est trop " matériel" pour avoir un quelconque rapport avec la vie spirituelle, ceci parfois pour pouvoir l'utiliser à son aise. L'apôtre écrit à Timothée : 1Timothee 6:17" Aux riches de ce monde, ordonne de ne pas être orgueilleux et de ne pas mettre leur espérance dans des richesses incertaines, mais dans le Dieu vivant, qui nous donne tout avec abondance pour que nous en jouissions" c'est pour cette raison que le Seigneur veut aussi que le vrai croyant lui consacre ses biens et les emploient selon sa volonté. Cet usage des biens matériels temporels, sera jugé ou récompensé au tribunal de Christ. Ainsi le Seigneur invite les riches à ne pas être orgueilleux et nous adresse trois autres invitations :

1. Le Seigneur nous invite à faire en secret l'aumône : Mathieu 6:4 "Afin que ton don se fasse en secret, et ton Père, qui voit dans le secret, te le rendra lui-même ouvertement"
2. Le Seigneur nous invite à prêter sans rien espérer : Luc 6: 34-36" Et si vous prêtez à ceux dont vous espérez recevoir en retour, quel gré vous en sait-on ? En effet, les pécheurs aussi prêtent aux pécheurs afin de recevoir l'équivalent. Mais aimez vos ennemis, faites du biens et prêtez sans rien espérer en retour. Votre récompense sera grande et vous serez fils du Très Haut, car il est bon pour les ingrats et les méchants. Soyez donc pleins de compassion, tout comme votre Père aussi est plein de compassion.
3. Le Seigneur nous invite à donner comme nous l'avons résolu en notre cœur: 2 Corinthiens 9: 6-7 " Sachez- le, celui qui sème peu moissonnera peu et celui qui sème abondamment moissonnera abondamment. Que chacun donne comme il l'a décidé dans son cœur, sans regret ni contrainte, car Dieu aime celui qui donne avec joie" Ma sœur et mon frère, vous avez la responsabilité d'user spirituellement de vos biens matériels pour plaire au véritable " PROPRIETAIRE" qu'est le Dieu vivant et non plus plaire ces voleurs qui vous contraignent à offrir des biens selon leur volonté dans des fondations et autres cavernes des voleurs comme le Seigneur les avaient qualifié . Assurément votre récompense sera grande au tribunal de Christ.

TERRE ECOUTE LA VOIX DU SEMEUR

LE TEMOIGNAGE DU VRAI CROYANT EXAMINE AU TRIBUNAL DE CHRIST

Bienaimé(e), les croyantes et croyants portent même d'habits avec comme écrit " le croyant est la lumière du monde" paradoxalement, ces gens qui devaient changer le monde par leur façon de vivre ne reflètent plus la vie des élus/ rachetés comme les premiers croyants des actes des apôtres. Le Seigneur l'avait déclaré formellement : Matthieu 10:32-33 " C'est pourquoi, toute personne qui se déclarera publiquement pour moi, je me déclarerai moi aussi pour elle devant mon Père céleste. Mais celui qui me reniera devant les hommes, je le renierai moi aussi devant mon Père céleste". A son retour le Seigneur examinera donc la manière dont nous aurons en paroles et en actes témoigné son nom ici-bas qui a concouru à sa gloire. L'apôtre Paul nous conseil : Romains 13' 13-14 " Conduisons nous honnêtement comme en plein jour, sans orgies ni ivrognerie, sans immoralité ni débauche, sans dispute ni jalousie. Mais revêtez-vous du Seigneur Jésus Christ et ne vous préoccupez pas de votre nature propre pour satisfaire ses convoitises". 2 Corinthiens 1:12 " En effet, voici notre sujet de fierté et le témoignage de notre conscience : nous nous sommes conduits dans le monde et plus particulièrement vis à vis de vous, avec la sincérité et la pureté qui viennent de Dieu, non pas avec une sagesse humaine mais avec la grâce de Dieu". Philippiens 1:27 " Seulement, conduisez vous d'une manière digne de l'Évangile du Christ. Ainsi, que je vienne vous voir ou que je sois absent, j'entendrai dire de vous que vous tenez ferme dans un même esprit, combattant d'un même cœur pour la foi de l'Évangile"

Merci de vous conduire d'une manière digne de l'Évangile du Christ devant les hommes et femmes de ce monde qui vous observe, votre récompense sera grande.

TERRE ECOUTE LA VOIX DU SEMEUR

LE MINISTERE DU VRAI CROYANT JUGE OU RECOMPENSE AU TRIBUNAL DE CHRIST

Bienaimé (e), tous les croyants sont appelés au témoignage et au service de l'œuvre du Seigneur. Ma sœur et mon frère, le service de l'évangélisation de la parole de Dieu, la vie de l'Eglise et la mission concerne toutes les croyantes et tous les croyants. La mission d'aller prêcher dans le monde entier est confié à vous et à moi : Marc 16:15-16 " Puis il leur dit : Allez dans le monde entier proclamer la bonne nouvelle à toute la création. Celui qui croira et qui sera baptisé sera sauvé, mais celui qui ne croira pas sera condamné " Mais ceux auxquels le Dieu vivant confie un ministère spécial ont certainement une plus grande responsabilité. C'est pour cela que l'apôtre Jacques prévient que les enseignants seront jugés plus sévèrement : Jacques 3:1"Ne soyez pas nombreux à vouloir devenir des enseignants car, vous le savez, mes frères et sœurs, nous serons jugés plus sévèrement" Bienaimé(e), tous ces scandales sexuels et abominations commis par" ces hommes de Dieu" ce dernier temps seront sévèrement punis. Sachez le bien, les conducteurs rendront compte de la vie des âmes sous leur conduite au tribunal de Christ. L'apôtre Paul était heureux de pouvoir dire aux anciens d'Éphèse ce qui suit : Actes 20: 26-28 "c'est pourquoi je vous déclare aujourd'hui que je suis pur du sang de vous tous, car je vous ai annoncé tout le plan de Dieu sans rien en cacher. Faites donc bien attention à vous-même et à tout le troupeau dont le Saint Esprit vous a confié la responsabilité, prenez soin de l'Eglise de Dieu qu'il s'est acquise par son propre sang ". Ma sœur et mon frère, la valeur d'un Ministère se mesure à ses fruits visibles ou connus de Dieu seul, ainsi qu'aux âmes gagnés.

Merci de prêcher la parole qui produit des fruits visibles, connus de Dieu et gagne des âmes, votre récompense sera grande 'lors du tribunal de Christ.

TERRE ECOUTE LA VOIX DU SEMEUR

LES SOUFFRANCES DU VRAI CROYANT ÉVALUÉES AU TRIBUNAL DE CHRIST

Bienaimé (e), la vie du vrai croyant est toujours accompagnée de souffrances. Sur les traces de son sauveur " le Seigneur", il a part à la croix pour participer ensuite à la gloire. Le Seigneur l'avait affirmé : Matthieu 5:10-12 " Heureux ceux qui sont persécutés pour la justice, car le royaume des cieux leur appartient ! Heureux serez-vous lorsqu'on vous insultera, qu'on vous persécutera et qu'on dira faussement de vous toute sorte de mal à cause de moi. Réjouissez-vous et soyez dans l'allégresse. Parce que votre récompense sera grande au ciel. En effet, c'est ainsi qu'on a persécuté les prophètes qui vous ont précédés". L'apôtre Pierre qui a été persécuté nous exhorte : 1 Pierre 4:13 " Réjouissez-vous, au contraire, de la part que vous prenez aux souffrances de Christ. Afin d'être aussi dans la joie et dans l'allégresse lorsque sa gloire sera dévoilée". Ma sœur et mon frère, un vrai croyant connait des légères afflictions : 2 Corinthiens 4:17 -18 " En effet, nos légères difficultés du moment présent produisent pour nous, au-delà de toute mesure, un poids éternel de gloire. Ainsi nous regardons non pas à ce qui est visible, mais à ce qui est invisible. Car les réalités visibles sont passagères et les invisibles sont éternelles" Soyez rassurer les souffrances que vous endurées ce jour ne sont pas à comparer avec la gloire qui vous attend le jour du Seigneur : Romains 8:18 "J'estime que les souffrances du moment présent ne sont pas dignes d'être comparées à la gloire qui va être révélée pour nous " Malgré les souffrances, le vrai croyant mène sa vie en ayant les regards de foi tournés vers le Seigneur qui est invisible et qu'il doit servir avec " un cœur tout entier à lui" c'est cet attitude de persévérance que le Seigneur vient récompenser : Apocalypse 3: 21 " Le vainqueur, je le ferai asseoir avec moi sur mon trône, tout comme moi aussi j'ai vaincu et me suis assis avec mon Père sur son trône".
Merci d'endurer les souffrances et persévérer dans la foi en Jésus christ, votre récompense sera grande.
TERRE ECOUTE LA VOIX DU SEMEUR

LES OEUVRES DU VRAI CROYANT SUBIRONT L'EPREUVE DU FEU AU TRIBUNAL DE CHRIST

Bienaimé(e), le jugement au tribunal de Christ portera sur huit domaines (les œuvres, le travail, l'effort de l'athlète, le témoignage, la foi ferme, l'espérance vivante, le ministère et l'usage de nos biens.

1. LES OEUVRES DU VRAI CROYANT

Ma sœur et mon frère, nous sommes sauvés par la foi en Jésus Christ, et ce n'est pas par nos œuvres. Cependant étant sauvés par Christ, nous sommes appelés à pratiquer des œuvres bonnes que Dieu a préparées d'avance pour nous. Ephésiens 2:10" En réalité, c'est lui qui nous a faits, nous avons été créés en Jésus-Christ pour des œuvres bonnes que Dieu a préparées d'avance afin que nous les pratiquions". Il est alors logique que le Seigneur examine chacune de nos actions. Ephésiens 6:8 " Sachant que chacun esclave ou homme libre, recevra du Seigneur le bien qu'il aura lui-même fait" Par ailleurs l'apôtre Paul nous exhorte en disant : Galates 6:9-10 " Ne négligeons pas de faire le bien. Car nous moissonnerons au moment convenable, si nous ne relâchons pas. Ainsi donc, pendant que nous en avons l'occasion, pratiquons le bien envers tous et en particulier envers nos proches dans la foi" Ma sœur et mon frère vos œuvres sont appelées à résister au feu du jugement du Seigneur : 1Corinthiens 3:13-15 " L'œuvre de chacun sera dévoilée: le jour du jugement la fera connaitre, car elle se révèlera dans le feu et l'épreuve du feu indiquera ce que vaut l'œuvre de chacun. Si l'œuvre que quelqu'un a construite sur le fondement subsiste, il recevra une récompense. Si son œuvre brûle, il perdra sa récompense, lui- même sera sauvé, mais comme au travers d'un feu. Nos œuvres n'ont de valeur que si elles sont basées sur Christ notre "Chef". Nous pouvons prier, faire l'aumône et même prêcher l'Évangile en nous servant nous- même. Ces œuvres-là ne résisteront pas au feu du jugement. Par contre si nos œuvres sont inspirées par l'amour de Dieu, le zèle sincère, la recherche de la volonté et de la gloire de Dieu, elles subiront victorieusement, l'épreuve du jugement et nous recevrons notre récompense. Bienaimé (e), le Seigneur revient pour cela : Apocalypse 22:12 " Voici, je viens bientôt et j'apporte avec moi ma récompense pour traiter chacun conformément à son œuvre"

Merci de ne pas avoir les œuvres inspirées par sa volonté propre ou la volonté du dieu de ce monde.

TERRE ECOUTE LA VOIX DU SEMEUR

MES REMERCIEMENTS

Bienaimé (e), merci pour vos souhaits de réussite, de longévité et de paix m'adresser lors de mon anniversaire le 27/4/2020 mais également votre assistance lors du décès de notre belle et grande sœur Aimée Wakenge. Qu'Emmanuel Dieu avec nous, vous comble de ses bénédictions.

Allons de gloire en gloire en attendant son imminent retour

ATTENTION DANGER DE MORT ETERNELLE : LE MYSTERE DE L'INIQUITE

2 Thessaloniciens 2-7-8 " Car le mystère de l'iniquité agit déjà, il faut seulement que celui qui le retient encore ait disparu. Et alors apparaitra l'impie, que le Seigneur Jésus détruira par le souffle de sa bouche et qu'il écrasera par l'éclat de son avènement" Ma sœur et mon frère," le mystère de l'iniquité " vient d'une racine grecque qui veut dire " initiation silencieuse". Une initiation secrète au culte de l'antichrist. Une influence démoniaque de séduction qui prépare les hommes et femmes du monde entier à recevoir l'antichrist où l'imipie comme l'appelle l'apôtre Paul. Des millions de personnes subissent des lavages de cerveaux chaque jour pour être initié dans sa confrérie, les loges des francs-maçons, les cultes de Satan, dans la magie, la sorcellerie, les secrets cabalistiques des rabbins juifs, les marabouts musulmans et autres pratiques occultes. Cette œuvre satanique s'accélère vite et de façon efficace en vue de l'apparition dans le futur proche de l'antichrist. Celui qui le retient encore et qui va bientôt disparaitre c'est l'Epouse/l'Eglise/ le Rachète Je m'en vais parler de l'iniquité dans mon pays la RDC :

1 Cette initiation secrète ne date pas d'hier, depuis notre enfance nous apprenions que pour accéder à un poste au pouvoir autour du Maréchal Mobutu et son régime, être célèbre, avoir la richesse et progresser dans la vie, il fallait l'initiation au " Prima Curia" 2. Tous les sorciers, les magiciens et guérisseurs s'étaient convertis en prophète/apôtre/femme et homme de Dieu, ils ont acheté le F92 au Ministère de la Justice pour l'obtention d'autorisation d'une église en vue de Pseudo- délivrance et Pseudo- miracle au nom de Jésus 3. Au nom du recours à l'authenticité, le régime Mobutu avait favorisé des mouvements mystico- religieux dans la province de Kongo central à avoir de Mvuluzi /Mfumu (chef spirituel) qui malheureusement a donné aux gens les sectes/ religions et non l'Évangile qui sauve de Jésus Christ de Nazareth de sorte

que la province est mal atteint par le salut. 4. l'enrichissement facile, ici nous rappelons depuis notre enfance à Bukavu, les hommes et les femmes prospéraient dans les affaires. Suite au contact avec le Dragon " phénomène brigand" un membre de ma famille qui s'y était rendu s'était enrichi et avait un grand dépôt au grand marché de Kadutu mais hélas personne de la famille avait bénéficiait de cette richesse et lui-même a fini par la folie. Dans la province de Kongo central, un homme initie les gens à une richesse de courte durée au point de le surnomme " Courte joie". 5. Toutes ces sociétés des ténèbres y compris les francs-maçons jadis secrètes sont ouvertes au public via les lieux de travail, les universités et surtout les réseaux sociaux.
Merci de ne pas accepter cette marque de la bête.
TERRE ECOUTE LA VOIX DU SEMEUR

LE DRAGON ENCHAINE /LIE PENDANT 1000 ANS ET RELACHE
Bienaimé, pendant que la bête et le faux prophète sont jetés dans l'étang de feu, le dragon est enchainé pendant 1000 ans dans l'abime puis relâché : Apocalypse 20:1-3 " Puis je vis descendre du ciel un ange qui avait la clé de l'abime et une grande chaine dans sa main. Il saisit le dragon, le serpent ancien, qui est le diable et Satan, et le lia pour mille ans. Il le jeta dans l'abime, ferma et scella l'entrée au - dessus de lui, afin qu'il ne séduise plus les nations, jusqu'à ce que les mille ans soient accomplis. Après cela, il faut qu'il soit délié pour un peu de temps".
Merci de ne pas être parmi celles et ceux séduits par le dragon pour le pouvoir, la célébrité, la richesse et autres plaisirs de ce monde.
TERRE ECOUTE LA VOIX DU SEMEUR

LE MILLENIUM- LE REGNE DE 1000 ANS DE JESUS CHRIST
Cet évènement aura lieu après que les tribulations, la colère de Dieu et la bataille d'Armageddon soient terminées. Jésus Christ viendra à ce moment précis établir son règne sur terre pendant 1000 ans. Ma sœur et mon frère nous avions mentionné la bataille d'Armageddon dans notre précédente publication quand la bête, les rois de la terre et leurs armées, rassemblées pour faire la guerre à celui qui était assis sur le cheval et son armée. La bête et le faux prophète saisis et jetés dans l'étang de feu : Apocalypse 19: 19-20. Il y aura deux types de personnes lors du millénium, les personnes sauvées et les non sauvées. Les vrais croyants sauvés auront déjà revêtu leur corps de gloire lors de l'enlèvement : Apocalypse 20:6 " Heureux et saints ceux qui ont part à la première résurrection ! La seconde mort n'à point de pouvoir sur eux, mais ils seront sacrificateurs de Dieu et de Christ, et ils règneront avec lui pendant mille ans" Ces personnes n'auront plus d'enfants et ne se marieront plus (Matthieu 22:30). Les non sauvés, des personnes qui ont survécu à la colère de Dieu et qui vont vivre lors du millénium dans leur corps physique comme un humain d'aujourd'hui. Ils auront le choix de recevoir la vie éternelle pour vivre la résurrection au grand trône blanc (après le millénium) où alors ils iront en enfer pour toujours si elles rejettent Christ avant leur mort physique.
Bienaimé(e), il y aura deux changements majeurs lorsque nous entrerons dans le millénium avec le Roi des rois et Seigneur des seigneurs. Ça fera l'objet de la prochaine publication
Merci d'être parmi les sacrificateurs de Dieu et de Christ qui règneront avec le Seigneur pendant mille ans.

TERRRE ECOUTE LA VOIX DU SEMEUR

EVENEMENT MARQUANT LA FIN DU MILLLENIUM

Ma sœur et mon frère c'est une bataille qui prendra place à la fin du millénium. Elle est connue sous le nom de Gog et Magog. Nous savons qu'à la fin du millénium Satan va être relâché : Apocalypse 20:7-9 " Quand les mille ans seront accomplis, Satan sera relâché de sa prison. Et il sortira pour séduire les nations qui sont aux quatre coins de la terre, Gog et Magog, afin de les rassembler pour la guerre, leur nombre est comme le sable de la mer Ils montèrent à la surface de la terre et ils investirent le camp des saints et la ville bienaimée. Mais un feu descendu du ciel, et les dévora. Et le diable qui les séduisait fut jeté dans l'étang de feu et de souffre où sont la bête et le faux prophète. Ils seront tourmentés jour et nuit, aux siècles des siècles" Nous pouvons voir ici que c'est Satan qui sera l'initiateur de cette bataille à la fin du millénium. Des nombreuses personnes vont se rassembler pour combattre Dieu mais ils seront détruits et le diable jeté dans l'étang de feu et de souffre.
Merci d'être parmi les rachetés.
TERRE ECOUTE LA VOIX DU SEMEUR

DEUX CHANGEMENTS MAJEURS LORS DU MILLENIUM

bienaimé (e), nous rappelons que le millénium est le règne de mille ans du Seigneur Jésus avec ses rachetés, les vrais croyants ayant revêtus leurs corps de gloire lors de l'enlèvement seront comme des anges : Mathieu 22:30 "Car à la résurrection, les hommes ne prendront point de femme, ni les femmes de maris, mais ils seront comme des anges de Dieu dans le ciel" le premier changement majeur lorsque nous entrerons dans le millénium sera le changement du Gouvernement. Le Seigneur Jésus Christ va établir son royaume sur la terre et une mise en place de lois justes et de jugements justes: Michée 4:1-2 " Il arrivera dans la suite de temps que la montagne de la maison de l'Éternel sera fondé sur le sommet des montagnes, qu'elle s'élèvera par-dessus les collines et que les peuples y afflueront. Des nations s'y rendront en foule et diront : Venez, et montons a la montagne de l'Éternel, à la maison du Dieu de Jacob afin qu'il nous enseigne ses voies et que nous marchions dans ses sentiers. Car de Sion sortira la loi", Essaie 11:9 " Il ne fera ni tort ni dommage sur toute ma montagne sainte car la terre sera remplie de la connaissance de l'Eternel". Ainsi il en résultera une paix mondiale sur cette terre. Les guerres et violences partout en ce jour car pas de paix sans le Prince de la paix qu'est le Seigneur Jésus Christ. L'autre changement majeur est le changement dans la génétique chez les humains et chez les animaux qui vont tous devenir végétariens : Essaie 11:6-7" Le loup habitera avec l'agneau et la panthère se couchera avec le chevreau, le veau, le lionceau, et le bétail qu'on engraisse seront ensemble, et un petit enfant les conduira. La vache et l'ourse auront un même pâturage, leurs petits un même gite et le lion, comme le bœuf, mangera de la paille". Chez les humains, ils vivront beaucoup longtemps qu'aujourd'hui. Ma sœur et mon frère, Dieu fera ces changements afin que nous puissions vivre dans la joie avec les créatures de Dieu. .
Merci d'être parmi les rachetés qui règneront 1000 ans avec le Seigneur.
TERRRE ECOUTE LA VOIX DU SEMEUR

LE JUGEMENT DU GRAND TRONE BLANC

Apocalypse 20:11-15

Après son règne de mille ans avec ses rachetés vient le jugement dernier: Apocalypse 20:11-15" Puis je vis un grand trône blanc, et celui qui était assis dessus. La terre et le ciel s'enfuirent devant sa face, et il ne fut plus trouvé de place pour eux. Et je vis les morts, les grands et les petits, qui se tenaient devant le trône. Des livres furent ouverts. Et un autre livre fut ouvert, celui qui est le livre de vie. Et les morts furent jugés selon leurs œuvres, d'après ce qui était écrit dans ces livres. La mer rendit les morts qui étaient en elle, la mort et le séjour des morts rendirent les morts qui étaient en eux, et chacun fut jugé selon ses œuvres. Puis la mort et le séjour des morts furent jetés dans l'étang de feu. C'est la seconde mort, l'étang de feu. Quiconque ne fut pas trouvé écrit dans le livre de vie fut jeté dans l'étang de feu" Mon frère et ma sœur qui attend d'être né dans le séjour des morts, il est temps de quitter cette hérésie de la fausse religion et chercher à inscrire votre nom dans le livre de vie maintenant.
Merci d'inscrire votre nom dans le livre de vie.
TERRE ECOUTE LA VOIX DU SEMEUR

UN NOUVEL UNIVERS COMME RÉSIDENCE DES RACHETES

Apocalypse 21: 1-5
Bienaimé(e), après le jugement dernier, tous les pécheurs de tous les âges, le dragon, les démons, l'antichrist et le faux prophète se trouvent pour toujours dans l'étang de feu. Et voilà le jour J tant attendu arrive " les rachetés entrent dans la présence du Père céleste" Le Dieu vivant lui-même sera avec eux : Apocalypse 21:1-5 " Puis je vis un nouveau ciel et une nouvelle terre, car le premier ciel et la première terre avaient disparu, et la mer n'était plus. Et je vis descendre du ciel, d'auprès de Dieu, la ville sainte, la nouvelle Jérusalem, préparée comme une épouse qui s'est parée pour son époux. J'entendis du trône une forte voix qui disait : Voici le tabernacle de Dieu avec les hommes ! Il habitera avec eux, et ils seront son peuple et Dieu lui-même sera avec eux. Il essuiera toute larme de leurs yeux et la mort ne sera plus, il n'y aura plus ni deuil, ni cri, ni douleur, car les premières choses ont disparu. Et celui qui était assis sur le trône dit : Voici je fais toutes choses nouvelles. Et il dit : Écris, car ces paroles sont certaines"
Merci de nous retrouver dans l'état éternel, un nouveau ciel et une nouvelle terre.
TERRE ECOUTE LA VOIX DU SEMEUR

LA TRINITE SATANIQUE : LE DRAGON, LA BETE ET LE FAUX PROPHETE

Bienaimé (e), pendant que le vrai croyant est rendu parfait et uni avec le Seigneur dans sa gloire, les rebelles et hypocrites restés dans le monde sont dirigés par " la trinité de l'impie" : apocalypse 12:13 " Quand le Dragon vit qu'il avait été précipité sur la terre, il poursuivit la femme qui avait mis au monde l'enfant mâle." Ma sœur et mon frère, une tactique courante de Satan consiste à imiter ou à contrefaire les choses de Dieu, afin de donner l'illusion qu'il lui ressemble. Si la trinité divine est constitué de Dieu le Père, du fils (Jésus Christ et du Saint esprit, la trinité satanique est constitué de Dragon, de l'anti christ et du faux prophète. Dragon est l'anti Dieu, la bête est l'antichrist et le faux prophète est l'anti Saint esprit. Cette trinité satanique persécutera et séduira beaucoup des gens à adorer Satan pendant la tribulation.
Bienaimé (e), la trinité divine se caractérise par l'amour, la vérité et la bonté tandis que celle qui arrive pour diriger le monde présente les caractéristiques diamétralement

opposées, la haine, la tromperie et le mal incommensurable. Nous présentons ces trois entités dans les prochaines publications.
Merci d'être parmi les vrais croyants
TERRE ECOUTE LA VOIX DU SEMEUR

LE DRAGON
Bienaimé (e), le Père n'a rien caché du Dragon : Apocalypse 12:9 " Il fut jeté dehors, le grand dragon, le serpent ancien appelé le diable et Satan, celui qui égare toute la terre, il fut jeté sur la terre et ses anges furent jetés avec lui " le grand dragon s'est rebellé contre Dieu en mentant à Ève au jardin d'Éden, afin qu'elle péché contre Dieu. Il est le meurtrier d'Adam et Ève : Jean 8:44 : " Vous avez comme Père le diable et vous voulez accomplir les désirs de votre Père, il a été meurtrier dès le commencement et il ne s'est pas tenu dans la vérité parce qu'il n'y a pas de vérité en lui. Lorsqu'il profère le mensonge, il parle de son propre fond car il est menteur et le père du mensonge". 2 Corinthiens 4:3-4 " Si notre Évangile est encore voilé, il l'est pour ceux qui périssent. pour les incrédules dont le dieu de ce monde a aveuglé l'intelligence afin qu'ils ne voient pas briller l'éclat que projette l'Évangile de gloire de Christ, qui est l'image de Dieu" 1 Jean 5:19-20 " Nous savons que nous sommes de Dieu et que le monde entier est sous la puissance du malin, nous savons aussi le fils de Dieu est venu et qu'il nous a donné l'intelligence pour connaitre le Véritable, et nous sommes dans le Véritable en son Fils Jésus Christ. C'est lui qui est le Dieu véritable et la vie éternelle"
Merci de connaitre le Dieu Véritable.

TERRRE ECOUTE LA VOIX DU SEMEUR
LA BETE
Apocalypse 13:1-2 " Puis je vis monter de la mer, une bête qui avait dix cornes et sept têtes, et sur ses cornes dix diadèmes, et sur ses têtes les noms de blasphèmes. La bête que je vis était semblable à un léopard, ses pieds étaient comme ceux d'un ours et sa gueule comme une gueule de lion. Le dragon lui donna sa puissance, son trône et une grande autorité" Ma sœur et mon frère, la mer est les nations et les peuples. L'apôtre Paul parle de l'antichrist et sa manifestation : 2 Thessaloniciens 2:3-12 "Que personne ne vous séduise d'aucune manière, car il faut que l'apostasie soit arrivée auparavant, et qu'on ait vu paraitre l'homme impie, le fils de la perdition, l'adversaire qui s'élève au-dessus de tout ce l'on appelé Dieu ou ce qu'on adore, il va jusqu'à s'asseoir dans le temple de Dieu, se proclamant lui-même Dieu. Ne vous souvenez vous pas que je vous disais ces choses, lorsque j'étais encore chez vous? Et maintenant vous savez ce qui le retient, enfin qu'il ne paraisse qu'en son temps. Car mystère de l'iniquité agit déjà, il faut seulement que celui qui le retient encore ait disparu. Et alors paraitra l'impie, que le Seigneur Jésus détruira par le souffle de sa bouche et qu'il écrasera par l'éclat de son évènement. L'apparition de cet impie se fera par la puissance de Satan, avec toutes sortes de miracles, de signes et de prodiges mensongers et avec toutes les séductions de l'iniquité pour ceux qui périssent parce qu'ils n'ont pas reçu l'amour de la vérité pour être sauvés. Aussi Dieu leur envoie-t-il une puissance d'égarement, pour qu'ils croient au mensonge. Afin que tous ceux qui n'ont pas cru à la vérité, mais qui ont pris plaisir à l'injustice, soient condamnés"
Merci d'être déjà dans la présence du Seigneur.
TERRE ECOUTE LA VOIX DU SEMEUR

LE FAUX PROPHETE

Apocalypse 13: 11-18 " Puis je vis monter de la terre une autre bête, qui avait deux cornes semblables à celle d'un agneau, et qui parlait comme un dragon. Elle exerçait toute l'autorité de la première bête en sa présence, et elle obligeait la terre et ses habitants à adorer la première bête, dont la blessure mortelle avait été guérie. Elle opérait de grands prodiges, jusqu'à' faire descendre du feu du ciel sur la terre, à la vue des hommes. Et elle séduisait les habitants de la terre par des prodiges qu'il lui était donné d'opérer en présence de la bête, disant aux habitants de la terre de faire une image de la bête qui avait été blessée par l'épée et qui vivait. Et il lui fut donner d'animer l'image de la bête, afin que l'image de la bête parle et qu'elle fasse que. Tous ceux qui n'adoraient pas l'image de la bête soient tués. Et elle fit que tous, petits et grands, riches et pauvres, libres et esclaves, reçoivent une marque sur leur main droite ou sur leur front et que personne ne puisse acheter ni vendre, sans avoir la marque, le nom de la bête ou le nombre de son nom. C'est ici la sagesse. Que celui qui a l'intelligence calcule le nombre de la bête. Car c'est un nombre d'homme, et son nombre est six cent soixante-six" Ma sœur et mon frère venir de la terre c'est un pays/un État. La fin tragique de la bête et du faux prophète nous est révélé dans Apocalypse 19 : 19-20" Et je vis la bête, les rois de la terre et leurs armées, rassemblés pour faire la guerre à celui qui était assis sur le cheval et à son armée. Et la bête fut prise, et avec elle le faux prophète, qui avait fait devant elle les prodiges par lesquels il avait séduit ceux qui avaient pris la marque de la bête et adoré son image. Ils furent tous les deux jetés vivants dans l'étang ardent de feu et de souffre.

Merci d'être un vrai croyant.

TERRE ECOUTE LA VOIX DU SEMEUR

CESSER DE SACRIFIER LES MEMBRES DE FAMILLES, PARENTS, ENFANTS ET PROCHES CAR LE SACRIFICE DE CHRIST EST UNE RANÇON POUR TOUS

Bienaimé (e), ne soyez pas de celles et ceux qui font encore des sacrifices humains de membres de familles et de vos proches au sein des loges et différents groupes de ténèbres auxquels vous appartenez. Car Christ est venu " donner sa vie en rançon de beaucoup. Matthieu 20:28 " C'est ainsi que le Fils de l'homme est venu, non pour être servi, mais pour servir et donner sa vie comme la rançon de beaucoup." Ma sœur et mon frère, le premier homme, Adam a été créé parfait ou sans péché avec la perspective de vivre éternellement. Mais il a perdu cette possibilité en choisissant de désobéir à Dieu. (Genèse 3: 17-19). Quand il a eu des enfants, il leur a transmis le péché ou l'imperfection. Romains 5:12" C'est pourquoi, comme par un seul homme le péché est entré dans le monde, et par le péché la mort, et qu'ainsi la mort s'est étendue sur tous les hommes, parce que tous ont péché". C'est pourquoi la Bible indique qu'Adam "s'est vendu", lui et ses enfants en esclavage au péché et à la mort. Romains 7:14" Nous savons, en effet, que la loi est spirituelle, mais moi, je suis charnel, vendu au péché". Étant imparfaits aucun de ses enfants ne pouvait racheter ce qu'Adam avait perdu (Psaume 49:7-8). Dieu éprouvant de la compassion pour nous, les descendants d'Adam, face à notre situation désespérée. Cependant les normes de justice de Dieu lui interdisaient de fermer les yeux sur nos péchés ou de nous pardonner sans fondement valable (Romains 3 :23-26, Psaume 89:14). Par amour pour nous, Dieu a donc fourni le moyen légal pour le pardon de nos péchés et nous débarrasser de l'imperfection, "c'est la rançon" Romains 5:6-8 " Car, lorsque nous étions encore sans force, Christ, au temps marqué, est mort pour des impies" . Dans la Bible " la rançon" suppose 3 éléments ci-après : 1. le paiement

(Nombres 3:46-47), 2. Une libération ou rachat (Exode 21:30, 3. la valeur de ce qu'il faut payer, elle en couvre le coût. Donc, le Seigneur Jésus représente : 1. le paiement : ce prix est son sang avec lequel, il a acheté " pour Dieu des gens de toute tribu, langue et nation. 1Corinthiens 6:20 " Car vous avez été rachetés à un grand prix, glorifiez donc Dieu dans votre corps et dans votre esprit, qui appartiennent à Dieu", 2. La libération : le sacrifice de Christ fournit une libération par rançon du péché. Hébreux 9:15-16 " Et c'est pour cela qu'il est le médiateur d'une nouvelle alliance, afin que, la mort étant intervenue pour le rachat des transgressions commises sous la première alliance, ceux qui ont été appelés reçoivent l'héritage éternel qui leur a été promis". 3. Correspondance : le sacrifice de Christ correspond exactement à ce qu'Adam a perdu : " une vie humaine parfaite. 1Corinthiens 15:21-22 " Car la mort est venu par un seul homme, c'est aussi par un seul homme qu'est venue la résurrection des morts" Bienaimé, la mort d'un seul homme, Christ, a payé le rançon pour beaucoup de pécheurs, UNE RANÇON POUR TOUTE L'HUMANITE. 1 Timothée 2:5-7 " Car il y a un seul Dieu, et un seul médiateur entre Dieu et les hommes, Jésus Christ homme. "
Merci de sortir des loges et groupes des ténèbres où vous avez encore à offrir des humains comme sacrifices en vue du pouvoir, richesses, célébrité, honneur et autres plaisirs éphémères de ce monde.
TERRE ECOUTE LA VOIX DU SEMEUR

LA GLORIFICATION ET LA SEIGNERIE DU CHRIST MORT ET RESCUCITE

Bienaimé (e), après la victoire sur la croix par sa résurrection " notre Seigneur est assis à la droite du Père " Marc 16:19 " Le Seigneur, après leur avoir parlé, fut enlevé au ciel, et il s'assit à la droite de Dieu" Ma sœur et mon frère par ce mots du symbole, comprenez que Jésus Christ a été désigné pour être le Seigneur du ciel et de la terre de façon permanente jusqu'à son retour au jour du jugement. Ensuite notre Père a tout mis sous ses pieds et l'a donné comme chef suprême de l'Eglise. Ephésiens 1: 20-23 " Il l'a déployé en Christ, en le ressuscitant des morts, et en le faisant asseoir à sa droite dans les lieux célestes, au-dessus de toute domination, de toute autorité, de toute puissance, de toute dignité et de tout nom qui peut être nommé, non seulement dans le siècle présent, mais encore dans le siècle à venir. Il a tout mis sous ses pieds et il l'a donné comme chef suprême à l'Eglise, qui est son corps, la plénitude de celui qui remplit tout en tous " En troisième lieu, le Seigneur est notre Sauveur et Intercesseur auprès du Père. Hébreux 7: 25" C'est aussi pour cela qu'il peut sauver parfaitement ceux qui s'approchent de Dieu par lui, étant toujours vivant pour intercéder en leur faveur " Et surtout il enrichit son peuple jour après jour de grâces spirituelles. Ephésiens 4: 8 " C'est pourquoi il est dit : Étant monté dans les hauteurs, il a emmené des captifs, et il a fait des dons aux hommes".
Merci d'accepter Christ comme Seigneur et Sauveur de votre vie.
TERRE ECOUTE LA VOIX DU SEMEUR

UNE SEVERE REPROCHE DU SEIGNEUR JESUS AUX CHEFS RELIGIEUX QUI ENTRAINA SON ARRESTATION ET SA MORT

Bienaimé (e), Christ reproche les chefs religieux de faire du lieu de communion intime avec le DIEU VIVANT, un lieu de trafic d'argent. Luc 19 : 45 - 46 " Il entra dans le temple, et il se mit à chasser ceux qui vendaient. Leur disant : il est écrit : Ma maison sera une maison de prière. Mais vous, vous en avez fait une caverne de voleurs " Ma sœur et mon frère, le zèle de sa maison lui pousse à donner deux reproches : 1. faire de sa maison de prière, une maison de trafic d'argent 2. faire de sa maison qui est pour

tous, une maison pour quelques-uns (les chefs religieux). Certains chefs religieux font de la prière à Dieu du donnant donnant, plus je donne, plus Dieu me donnera ! C'est comme si pour obtenir quelque chose de Dieu, il faut payer cher Non et non. La prière n'est pas un trafic, surtout pas un trafic d'indulgence. Qui serait ce Dieu vivant qui se laisserait toucher qu'au terme de 60 à 100 jours de prière, d'une tarification d'offrande comme nous le vivons des appels de fond qui commence à 2000 dollars et descendre jusqu'à 1 dollar, les bénédictions en échange avec de l'huile d'olive et de l'eau bénite. Ma sœur et mon frère, nous ne prions pas pour être aimé de Dieu, pour qu'il soit avec nous ni même qu'il puisse agir en notre faveur. Non la prière est un accueil de l'amour gratuit de Dieu. En second lieu, l'Eglise ce jour qui fait figure d'un patron fondateur à qui tout revient et les autres à son service n'est pas le plan de Dieu. " L'église de tel prophète, tel bishop, tel apôtre, tel dieu etc. ". Bienaimé (e), la parole de Dieu annonce un Dieu vivant dont l'amour est offert à tous sans distinction, sans restriction. Par le sang de Jésus, Désormais, le plus humble des croyants peut, par la prière et louange, entrer à tout moment dans la présence de Dieu et non seulement les chefs religieux. Au moment où Jésus expire sur la croix, une main invisible déchira depuis le haut jusqu'à bas l'épaisse tenture qui séparait les deux pièces principales du temple. Jusqu'alors, ce voile empêchait tout homme de pénétrer dans le saint des saints où Dieu demeurait. Seul le souverain sacrificateur, une fois par an, pouvait entrer dans ce lieu très saint (Mathieu 27: 51). Chaque croyant communie avec Dieu directement sans passer par un privilégié dans la nouvelle alliance avec Christ le véritable. Merci de connaitre la vérité qui vous rend libre.
TERRE ECOUTE LA VOIX DU SEMEUR

LE TEMPLE, UNE VRAIE CAVERNE DE VOLEURS 2000 ANS AVANT NOUS !
Bienaimé(e), vous êtes de celles et ceux qui stigmatisent que " les églises de votre pays sont devenues " de vraies cavernes de voleurs" au lieu de " sauver les âmes" : Luc 19 : 45- 48 : " Il entra dans le temple, et se mit à chasser ceux qui vendaient, leur disant : Il est écrit : Ma maison sera une maison de prière, Mais vous, vous en avez fait une caverne de voleurs." Dans l'ancienne alliance avec les juifs, la présence de l'Éternel était dans le temple à Jérusalem tandis que notre nouvelle alliance avec Christ c'est dans le croyant : 1corinthiens 6 : 19 " Ne savez-vous pas que votre corps est le temple du Saint-Esprit qui est en vous, que vous avez reçu de Dieu, et que vous ne vous appartenez point à vous-mêmes". Le Seigneur avait demandé aux pharisiens et aux juifs, d'ailleurs de détruire ce temple comme dans trois jours il rachètera l'Eglise : Jean 2:19 " Jésus leur répondit : détruisez ce temple, et en trois jours je le relèverai. Les juifs dirent : il a fallu quarante-six ans pour bâtir ce temple, et toi, en trois jours tu lé relèveras ! Mais il parlait du temple de son corps " L'Eglise c'est " Christ", quiconque le reçoit dans son cœur et conduit par la parole de Dieu vivant
Ma sœur et mon frère, toutes ces cavernes de voleurs que vous rencontrez à chaque deux mètres dans votre avenue ne sont que des édifices, bâtiments et immeubles de nos pères et chefs spirituels avec leurs dénominations/ confessions religieuses. La preuve est que les pouvoirs publics ont décidés de fermer toutes ces cavernes de voleurs dans le monde entier mais chaque vrai croyant est en train d'adorer le Père céleste partout et en tout lieu comme le confirme les écritures. " Dieu est esprit " Ne donner pas aux pouvoirs publics un travail déjà planifié et accompli. C'est pour cette raison qu'il nous a prévenu par la parabole du bon grain et de l'ivraie (Mathieu 13 : 24- 30), il connait

les vrais croyant(es) et les faux et nous demande de lui laisser le tri seul et lui seul. D'ailleurs dans un instant, il revient et l'Eglise sera enlevée vers lui et ces loups, adultères et voleurs resteront dans leurs cavernes en train d'être détruits par leur patron " l'Antéchrist.

Merci d'avoir Dieu dans votre cœur, la vraie église.

TERRE ECOUTE LA VOIX DU SEMEUR

LWESSO KISALIMA JULES
EXPERT EN DROITS ECONOMIQUES, SOCIAUX ET CULTURELS (DESC)
COLLEGE UNIVERSITAIRE HENRY DUNANT DE GENEVE- SUISSE, 2018

CORONA VIRUS ET LES DROITS DE L'HOMME

Le droit à ne pas être soumis sans son consentement à un traitement.

J'appelle l'État de la RDC et toutes ses institutions au respect des droits fondamentaux de congolaises et congolais pendant cette période de confinements et quarantaines.

En effet, la réaction face à la pandémie de corona virus pourrait porter atteinte aux droits fondamentaux des citoyennes et citoyens comme :

1. le droit à ne pas être soumis sans consentement à un traitement et d'autres garanties importantes,
2. le droit d'avoir accès aux soins de santé,
3. le droit d'avoir accès à l'information,
4. l'interdiction de toute discrimination dans la prestation de service de santé

D'autres droits sont également en jeu pendant cette pandémie :

1. le droit de ne pas être arrêter arbitrairement,
2. le droit de circuler librement,
3. la liberté d'expression,
4. les droits économiques, sociaux et culturels, ici j'insiste sur le fait de non création d'un fond dédié à la réponse du covid 19 et du relèvement pour soutenir les victimes des dommages socio- économique et culturel mais aussi les personnes vulnérables, en premier lieu tous ces enfants dans la rue de la commune de la Gombe dans la ville de Kinshasa.

Je dis " le peuple congolais à le droit à ne pas être soumis sans son consentement à un traitement."

Merci.

PRENEZ GARDE DE NE PAS TOMBER

Bienaimé (e), que celle ou celui qui croit être debout prenne garder de ne pas tomber dans la tentation du diable/baal. 1 Corinthiens 10 : 12 " Ainsi donc, que celui qui croit être debout prenne garde de tomber " Ma sœur et mon frère, a la dernière trompette, les morts en Christ qui étaient prêts au moment de mourir seront ressuscités les premiers. Nous les vivants qui font officiellement partie de l'Eglise de Jésus Christ, seulement les vrais croyants prêts au moment de son retour seront pris pour faire partie de son épouse à lui, qu'il va enlever à sa rencontre dans les cieux. Ensuite suivra une période de 7ans qui sont vraiment les derniers temps de la fin. Ils représentent la grande tribulation sur la terre, avec la manifestation de l'Antéchrist, la destruction pendant 3 ans et demi de tous les chrétiens qui sont restés, qui n'ont pas été enlevés. Ensuite 3ans et demi de persécution des juifs et à la fin la bataille d'Armageddon, une bataille mondiale où toutes les nations de la terre seront rassemblées contre Jérusalem. A ce moment-là Jésus Christ le véritable reviendra avec ses élus poser ses pieds sur le Mont des oliviers d'où il

est parti il y a 2000 ans. Il commencera alors son règne de 1000 ans sur la terre avec ses rachetés avant le renouvellement de toute chose, après la fin des 1000 ans. Ma sœur et mon frère c'est cette période difficile que je vous invite à discerner et rester sage au lieu de tomber dans le plaisir éphémère du monde.
Merci de ne pas perdre votre place dans " la Société du monde nouveau". A vous le choix.

TERRE ECOUTE LA VOIX DU SEMEUR

QUE LE JUSTE PRATIQUE ENCORE LA JUSTICE

Bienaimé (e), que le vrai croyant continu à garder et mettre en pratique la parole de Dieu vivant sous la conduite de l'Esprit de Dieu et que le rebelle vis à vis de Dieu vivant poursuive sa rébellion. Mais, sachez le bien, le Seigneur rentre avec une récompense pour chacune et chacun : Apocalypse 22: 11-12 " Que celui qui est injuste soit encore injuste, que celui qui est souillé se souille encore, et que le juste pratique encore la justice, et que celui qui est saint se sanctifie encore. Voici, je viens bientôt, et ma rétribution est avec moi, pour rendre à chacun selon son œuvre." Ma sœur et mon frère, que celui qui après tous les messages, toutes les révélations de la vérité et de la volonté de Dieu vivant pour vous, après les sérieux appels qu'elles renferment, vous restez dans la folie du plaisir du monde en restant injuste et souillé faite le à vos risques et périls car vous vouez à la perdition éternelle. Mais heureux celui qui a mis le pied dans la voie de la justice et de la sainteté y marche d'un pas plus ferme, la Bible lui rassure le triomphe et la récompense éternelle.
Bienaimé (e), que celui qui choisit le bien persévère dans ses bonnes actions et que celui qui aime la saleté continu à se salir.
Merci de choisir " d'être avec Dieu"
TERRE ECOUTE LA VOIX DU SEMEUR

MON PEUPLE PÉRIT PAR MANQUE DE CONNAISSANCE : LES SAINTS DE DERNIERS JOURS

bienaimé (e), Épouse du Rois des Rois et Seigneur des Seigneurs, attention danger de mort éternelle.
Les saints de derniers jours, comme le nom l'indique sont des "véritables saints des derniers jours" loin d'une fille/fils du Dieu vivant. Tenez-vous bien :
1. Dès l'âge de 15 ans, Joseph Smith, se retira dans une forêt, début 1820, pour prier. Il voit une colonne de lumière et y voit " dieu et jésus". C'est trois ans plu tard le 21 septembre 1823 dans sa chambre, l'ange MORONI, lui demande de chercher un livre caché écrit sur des plaques d'or, de même que deux pierres " l'Unim" et " Thummin" utiles pour la traduction de ces plaques ainsi que le pectoral. Après 4 ans de recherche des plaques sur la colline de Cumorah, près de Manchester dans l'État de New-York aux USA ainsi la traduction de ces plaques a constitué le célèbre " livre des mormons" qui est un autre témoignage de Christ.
2. Ainsi ils affirment que Jésus a fait un séjour en Amérique et qu'il y reviendra pour y prêcher.
3. Le salut dépend de l'appartenance à l'Eglise rétablie de Joseph Smith.
4. La révélation est permanente et continue comme la Bible n'est pas complète.
5. Toute doctrine mormone peut être modifiée voir complétée par une nouvelle révélation du président de l'Eglise de mormon.

6. Ils pratiquent le baptême par immersion et le baptême pour les morts en vue de sauver les ancêtres non mormons.
7. Depuis 1825, ce mouvement religieux " Église des saints de derniers jours" connait plusieurs dissidences notamment la création de l'Eglise mormone, l'ordre mormone uni, l'Eglise du Christ, l'Assemblée davinique, etc.
8. la polygamie y est proclamée, Joseph Smith, le fondateur avait à lui seul 22 femmes en plus de la première épouse Madame EMMA HALE.
Que celui qui a des oreilles entende ce que l'Esprit dit aux Églises.
TERRE ECOUTE LA VOIX DU SEMEUR

NOUS SOMMES TEMOINS DE JESUS CHRIST ET NON DE JÉHOVAH
Bienaimé (e), comme il y a un menteur, il y'a également un mensonge. Baal est le père du mensonge. Ma sœur et mon frère, tous ceux qui se réclament de Christ sont des témoins de Jésus Christ : Actes 1:8 " Mais vous recevrez une puissance, le Saint Esprit survenant sur vous et vous serez mes témoins à Jérusalem, dans toute la Judée, dans Samarie, et jusqu'aux extrémités de la terre.". Et voilà le menteur remplace carrément le nom de Jésus christ et fait de milliard de voisins et voisines des témoins de Jéhovah. Bienaimé (e), le seul nom qui sauve est Jésus Christ : Actes 4:12 " " il n'y a de salut en aucun autre, car il n'y a sous le ciel aucun autre nom qui ait été donné parmi les hommes, par lequel nous devions être sauvés ". Merci de rester témoins de Jésus Christ car il arrive bientôt et avec lui les récompenses pour celles et ceux qui sont restés fidèles n'ayant pas écoutés la séduction de " tous ces antéchrists qui entrainent des milliards de voisins et voisines dans la rébellion contre le Dieu vivant.
TERRE ECOUTE LA VOIX DU SEMEUR

L'ESPRIT D'ANTECHRIST DE CHARLES TAZE ET COMPAGNONS AU SERVICE DE BAAL/JEHOVAH
Bienaimé (e), l'opposition à Dieu vivant et à l'Eglise de Jésus Christ est l'une des activités principales du royaume de Baal. Christ le véritable l'avait écrasé et dépouillé de Tout pouvoir sur nous fille/fils de Dieu vivant sur la croix. Alors pour prendre sa revanche comme il sait que Christ revient bientôt pour la destruction ultime du royaume de Baal, ce dernier développe l'ESPRIT D'ANTECHRIST, cela veut dire " anti Messie. "Anti " est une préposition grecque qui possède deux significations qui s'applique d'abord " contre le Messie" ensuite " a la place de ", le but final étant d'installer "un faux messie " à la place du véritable : 1 Jean 4: 2-3 " Reconnaissez à ceci l'Esprit de Dieu : tout esprit qui se déclare publiquement pour Jésus Christ venu en chair est de Dieu , et tout esprit qui ne se déclare pas publiquement pour Jésus n'est pas de Dieu, c'est celui de l'Antéchrist, dont vous aviez appris la venue, et qui maintenant est déjà dans le monde" . Effectivement Baal en 1870 a utilisé aux États Unies Charles Taze et compagnons de l'association des témoins de Jéhovah ayant basculé dans les ténèbres de l'occultisme en niant 4 vérités bibliques fondamentales :
1. la négation de Christ comme le chemin, la vérité et la vie éternelle,
2. la négation de la résurrection corporelle du Christ,
3. la négation du lieu de tourment réservé à Baal, ses démons et quiconque les suivent,
4. plus grave, ils produisent et distribuent dans le monde entier une traduction falsifiée de la Bible dans laquelle ils remplacent Christ par Jéhovah. C'est la fameuse " traduction du monde nouveau comme Baal ne résigne pas sur les moyens, ils détiennent la géante

et puissante imprimerie du monde pour réduire l'Évangile en un message " purement intellectuel" plutôt qu'à une force qui transforme l'âme et amener le salut.
Ma sœur et mon frère qui est menteur ? : 1Jean 2: 22 " Qui est menteur, sinon celui qui nie que Jésus est le Christ ? Celui-là est l'Antéchrist, qui nie le Père et le fils."
Merci de ne pas suivre l'Antéchrist et son père Baal.
TERRE ECOUTE LA VOIX DU SEMEUR

VIDÉO : ADORATEURS(TRICES) DANS UNE SYNAGOGUE A JERUSALEM

Bien aimé(e), nous vous envoyons la dernière partie de la vidéo Les adorateurs et adoratrices dans une synagogue de JÉRUSALEM dans laquelle Jésus faisait des miracles. Ils trouvent un grand miracle dans la synagogue ou l'on dessine la carte de leur pays la RDC. Suivez attentivement pour connaitre le nom de la divinité adorée
2. la naïveté : aller augmenter le revenu des autres pendant que leurs proches au pays croupissent dans la misère extrême. Ensuite après l'adoration les congolaises et congolais sont dix fois égorgés plus qu'avant à Béni et Minembwe sous la barbe et le nez de la mission de complication de la paix envoyé par les prédateurs du nouvel ordre mondial qui poursuivent le pillage des minerais, métaux précieux et non précieux dans l'ex Haut Zaïre, l'ex Kivu et l'ex Katanga. Donc " no Béni and Minembwe, no job "
Leçon à chaque fille/fils du Prince de la paix : plus les œuvres des ténèbres de Baal avancent, le jour de notre enlèvement approche. Conduisons-nous comme " les vierges sages attendant notre époux dans la méditation de la parole sous la conduite de l'Esprit de Dieu. Laissons les vierges folles dans le plaisir de leur père Baal.
TERRE ECOUTE LA VOIX DU SEMEUR

ADORER BAAL ET SES DEMONS EN S'INCLINANT DEVANT LA TOMBE DE JESUS ET LE MUR DES LAMENTATIONS A JERUSALEM
Bienaimé (e), ce pèlerinage vers " la terre sainte n'est pas biblique. Christ le véritable est venu instaurer le royaume de Dieu dans le cœur du croyant. Dieu est Esprit, quiconque l'adore le fait dans son cœur qui a reçu du Père céleste l'Esprit de Dieu et par la suite conduit par la Parole du Dieu vivant.
C'est abominable de voyager pour adorer le saint sépulcre à Jérusalem et pourtant " Christ est vivant", raison pour laquelle, nous ses enfants l'appelons " DIEU VIVANT " : Luc 24:1-5 " Le premier jour de la semaine, elles se rendirent au sépulcre de grand matin, portant les aromates qu'elles avaient préparés. Elles trouvèrent que la pierre avait été roulée de devant le sépulcre, et étant entrées, elles ne trouvèrent pas le corps du Seigneur Jésus. Comme elles ne savaient que penser de cela, voici, deux hommes leur apparurent, en habits resplendissants. Saisies de frayeur, elles baissèrent le visage contre terre, mais ils leur dirent : " Pourquoi cherchez-vous parmi les morts celui qui est vivant? " Le comble est que " L'EGLISE DU CHRIST" elle aussi pour se faire de l'argent recrute le peuple de Dieu pour un pèlerinage à Jérusalem. Ma sœur et mon frère le mur des lamentations appelées aussi " le mur occidental", représente le lieu le plus sacré pour les juifs, en raison de sa proximité avec le saint des saints, un haut lieu du judaïsme. Il constitue ainsi un endroit où l'on vient prier et certains juifs inscrivent leurs prières sur des papiers qu'ils insèrent dans les fissures entre les pierres. Une cérémonie qui concerne en rien une fille/un fils du Dieu vivant, racheté par le sang de Christ le véritable. Quant au " saint sépulcre ", c'est le tombeau du Christ, une rotonde englobée dans l'Eglise du

Saint sépulcre à Jérusalem où le corps de Jésus de Nazareth aurait été déposé au soir de sa mort sur la croix.
Merci de ne pas tomber dans l'idolâtrie en visitant ce site touristique lucratif/commercial.
TERRE ECOUTE LA VOIX DU SEMEUR

DEUX DIGNES FILS DE DIEU, MOISE ET ELIE ONT VAINCUS BAAL : A VOTRE TOUR DE LE DEFIER
bienaimé (e), Moise devant les enchanteurs et les magiciens de l'ennemi de notre Père céleste, sa verge engloutit les verges de l'ennemi. Exode 7: 10-12. Élie, seul face à 450 prophètes de BAAL confirma la suprématie de Dieu sur BAAL : 1 Rois 18: 21- 24 Bienaimé (e), BAAL continu à s'opposer au Dieu vivant jusqu'à ce jour il vous appartient d'utiliser la verge que Dieu a mis en vous, la parole de Dieu et l'Esprit de Dieu et vous vaincrez toutes les tentatives de BAAL de détruire votre âme. Pour cela Baal a mis en place un système avec plusieurs œuvres des ténèbres que nous allons développer dans les messages prochains notamment : le mystère de la Kabbale ou la magie juive, le mystère de Babylone et sa religion, le judaïsme, l'idolâtrie de la tombe du soit disant Jésus et le mur de lamentation à Jérusalem, l'Invocation de la présence de Baal et ses acolytes anges déchus maquillé en Seina, les faux évangiles élaborés savamment par d'éminents francs-maçons, les ordres dont celui de Melchisédech, la magie noire et blanche, le nouvel ordre mondial des illiminatis qui balise le chemin de l'avènement de " l'impie et bien d'autres ténèbres de l'occultisme et satanisme. Merci de défier l'ennemi de notre âme pour la gloire du royaume de Dieu vivant
TERRE ECOUTE LA VOIX DU SEMEUR

CHRIST EST LE VRAI CEP : DEMEURER EN CHRIST
Bienaimé (e), demeurer en Christ signifie abandonner tout péché connu et c'est également se décharger sur le Christ de tout fardeau et puiser en lui vie, force et sagesse. Jean 15 : 1-6 : " Je suis le vrai cep, et mon père est le vigneron. Tout sarment qui est en moi et qui ne porte pas de fruit, il le retranche, et tout sarment qui porte du fruit, il l'emonde, afin qu'il porte encore plus de fruit. Déjà vous êtes purs, à cause de la parole que je vous ai annoncée. Demeurez en moi, et je demeurerai en vous. Comme le sarment ne peut pas de lui-même porter du fruit, s'il ne demeure attaché au cep, ainsi vous ne le pouvez pas non plus, si vous ne demeurez en moi. Je suis le vrai cep, vous êtes les sarments, celui qui demeure en moi et en qui je demeure porte beaucoup de fruit, car sans moi vous ne pouvez rien faire. Si quelqu'un ne demeure pas en moi, il est jeté dehors comme le sarment, et il sèche, puis on le ramasse, on le jette au feu, et il brûle " Ma sœur et mon frère, si vous ne demeurez pas en christ conduit par la parole de Dieu et l'Esprit de Dieu vivant, il y a risque que vous séchiez par la séduction de BAAL qui dirige le monde à travers ses membres et le mensonge " l'argent, le pouvoir, la célébrité, la réussite, les miracles, les honneurs et autres plaisirs du corps".
Merci de rester attaché " au vrai cep" qui symbolise " Christ le véritable" ainsi vous serez à l'abri des tromperies de Baal et éviter d'être brulé avec lui le jour du jugement.
TERRE ECOUTE LA VOIX DU SEMEUR

LE BON BERGER : CONNAIT SES BREBIS

Bienaimé (e), vous êtes un vautour, un loup et prédateur qui s'est infiltré dans l'Eglise corps du Christ "le VERITABLE", nous avons le profond regret de vous annoncer que le BON BERGER connait ses brebis chacune par leur nom, il est mort pour elle. Jean 10: 2-4 : " Mais celui qui entre par la porte est le Berger des brebis. Le portier lui ouvre, et les brebis entendent sa voix : il appelle par leur nom les brebis qui lui appartiennent, et il les conduit dehors " Et le berger guide les brebis, Christ se compare à un berger pacifique, doux, ce n'est pas un grand personnage important ou riche au contraire c'est quelqu'un d'humble. Jésus Christ ne se présente pas en puissant comme le prince de ce monde dénommé " Nimrode, Baal, Moloch, satan, diable, Jéhovah et ses acolytes la Reine du ciel, Jezabel et autres anges déchus", celui qui donne l'argent, la célébrité, la réussite, le pouvoir et autres plaisirs à ses adeptes. Christ, le bon berger guide ses brebis. Il ne les menace pas ni les contraint, il marche devant pour qu'on le suive en montrant le chemin. Car il dit " Qui m'aime me suive, il amène ses brebis vers des bons pâturages, il donne la paix, elles sont bien portantes et ne manque de rien.

Bienaimé(e), êtes-vous une de ses brebis ? Si oui, heureux vous êtes.

Merci de prendre maintenant la bonne décision d'être brebis rachetée par le Bon berger. Car demain sera trop tard.

TERRE ECOUTE LA VOIX DU SEMEUR

LE VERITABLE PAIN QUI VIENT DU CIEL

Bienaimé (e), a maintes reprises déjà, les juifs avaient demandé au Seigneur Christ le véritable de leur montrer un signe. Jean 6: 30-31 " Quel miracle fais-tu donc, lui dirent-ils, afin que nous le voyions, et que nous croyions en toi ? Que fais-tu ? Nos pères ont mangé la manne dans le désert, selon ce qui est : il leur donna le pain du ciel à manger ". Ils pensaient que Moise leur avait donné à manger le pain qui vient du ciel, et si Christ était le prophète, il devait se manifester par un signe. Le Seigneur reprend la pensé de la manne et répond : Jean 6: 32-47 " En vérité, en vérité, je vous le dit : Moise ne vous a pas donné le pain qui vient du ciel, mais mon Père vous donne le véritable pain qui vient du ciel, car le pain de Dieu est celui qui descend du ciel et qui donne la vie au monde. Moi je suis le pain de vie. Celui qui vient à moi n'aura jamais faim et celui qui croit en moi n'aura jamais soif "

Bienaimé (e), le Seigneur montre clairement que la manne n'était qu'une image du " VERITABLE PAIN " que son Père voulait leur donner. Il était lui, Christ ce pain véritable. Et chaque âme qui venait avec foi à lui n'avait plus ni faim ni soif. Donc, il n'est plus nécessaire de leur donner un signe car le Seigneur dit au verset 47: " En vérité, en vérité, je vous le dis, celui qui croit en moi à la vie éternelle". Mais attention au verset 35, il dit " l'homme/ la femme doit venir à lui qui signifie " CROIRE EN CHRIST" ça indique " la confiance que la personne place en lui". Celui qui croit n'aura jamais faim de la parole du Dieu vivant en lui et n'aura jamais soif des péchés.

Merci de prendre cette décision courageuse de manger le pain qui vient du ciel pour que votre âme ne connaisse plus une vie de péchés. Ma sœur et mon frère ne soyez pas parmi les milliards de voisines et voisins qui ont refusé la grâce de manger " le pain qui vient du ciel" et préfèrent écouter " les fables de leurs chefs spirituels".

LA SAINT VALENTIN : UNE FÊTE PAIENNE DEVENUE COMMERCIALE

Bienaimé (e), la fête de la saint Valentin n'a rien de biblique. Elle est entièrement basée sur les rites païennes, la mythologie gréco _ romano _ égypto- babylonienne et sur l'iniquité (violation de la loi du Dieu vivant). La saint Valentin a pour origine. " Deux fêtes romaines païennes de perversions sexuelles et surtout " les mystères de Babylone". Les Lupercalio et le jour de fête de Juno februa. Les Lupercalia célébrée par les romains le 15 février était connues comme " la fête de la débauche sexuelle" ou la fête de la licence sexuelle. Le mois de février était consacré à la Déesse de la passion sexuelle. Le 14 février, les romains avaient consacré ce jour au dieu Lupercus, dieu de la fertilité et de l'agriculture et organisait la loterie qui consistait à tirer des noms d'adolescentes au hasard d'une boite et à les coupler à une personne du sexe opposé. Il fallait garder la personne tirée au hasard comme partenaire sexuelle durant toute l'année. L'année suivante on tirait un autre nom au hasard. D'où le fameux " sois ma Valentine/ mon Valentin “. Concernant " les mystères de Babylone" " Le saint Valentin " était en fait " Nimrod" : Genèse 10: 8,9 ,12 Nimrod a défié le Dieu vivant. Il est le créateur de la religion des mystères de Babylone. Cette mythologie sumérienne a été transmise aux Égyptiens, aux grecs et aux romains. Pour les romains, ils le célébraient comme dieu chasseur Lupercus, pour les grecs, il s'appelait Pan le dieu de lumière, pour les phéniciens c'était BAAL, dieu soleil. Baal et Moloch sont deux noms de Nimrod dans la bible. Bienaimé (e), voilà pourquoi je ne célèbre pas le 14 février " la saint Valentin".
Merci de prendre également une décision pour ce faire.
TERRE ECOUTE LA VOIX DU SEMEUR

QUE DIT LA BIBLE DE LA PRIERE POUR LES MORTS ?

Bienaimé (e), la prière pour les morts n'est pas biblique. Ma soeur et mon frère, même si vous offrez 5 à 10 milliards de dollars à " un saint" pour asperger la fumée de l'encens à votre cercueil en vue d'obtenir le salut de votre âme après votre mort physique, c'est de l'argent jeté dans l'océan " Nos prières pour quelqu'un sont sans effets après sa mort. La mort est une fin après laquelle plus aucune prière ne peut nous valoir le salut si nous l'avons refusé pendant notre vie sur la terre. Hébreux 9: 27 " Et comme il est réservé aux hommes de mourir une fois, après quoi vient le jugement " on comprend donc que notre état spirituel ne peut plus être changé après notre mort physique soit par nous-même, soit par les efforts des autres. Bienaimé (e), le salut de votre âme s'obtient maintenant que vous lisez ce message en prenant l'option de reconnaitre ses péchés et demander pardon à l'agneau du Dieu vivant qui ôte les péchés du monde " Christ le véritable " demain sera trop tard. La bible enseigne que ceux qui sont soumis à la volonté du Sauveur seront directement et immédiatement admis dans la présence du Seigneur après la mort c'est le cas du malfaiteur crucifié avec Christ qui a reconnu ses péchés et s'est confié à lui, voir Luc 23 : 41-43. 2 corinthiens 5: 10 " Car il nous faut tous comparaitre devant le tribunal de Christ, afin que chacun reçoive selon le bien ou le mal qu'il aura fait, étant dans son corps “. La prière n'a plus de place c'est le jugement qui nous attend après la mort physique.
Merci de préparer votre âme avant la mort physique.

TERRE ECOUTE LA VOIX DU SEMEUR

LE CROYANT ET LA SANCTIFICATION

Bienaimé (e), nous le disons encore sans la sanctification/la nouvelle naissance/ la régénération, il est impossible de voir Le Dieu vivant. Ne vous fiez pas à la religion. Hébreux 12: 14: " Recherchez la paix avec tous, et la sanctification, sans laquelle personne ne verra le Seigneur " Ma sœur et mon frère, sanctifier quelque chose ou quelqu'un signifie, le mettre à part pour le Seigneur Christ le véritable. La sanctification du croyant s'opère par l'action de la parole et de l'Esprit de Dieu. C'est celui qui est né de nouveau, qui s'engage à obéir son Seigneur en faisant tout son possible au quotidien pour s'éloigner du pécher " C'est être en Christ " Il y en a qui ont accepté le Christ mais qui ne marche pas avec lui, mais avec le monde, ne se confessant pas et se conformant au siècle présent en étant sorcier, magicien, franc maçon, adultère, malfaiteur, prédateur, tueur, corrompu et autres impuretés contraire à la vie d'une fille/fils de Dieu vivant.
La bible dit dans 1 Thessaloniciens 4: 7: " Car Dieu ne nous a pas appelés à l'impureté, mais à la sanctification " Bienaimé (e), celui qui est né de nouveau est un " Appelé " , un " Élu " qui doit être un modèle devant les païens.
Merci de mener une vie digne de votre appel par le Dieu vivant.
TERRE ECOUTE LA VOIX DU SEMEUR

UN DES FAUX EVANGILES : L'EVANGILE DE LA MÈRE DE DIEU

Bienaimé (e), Il y a qu'un seul médiateur entre le Dieu vivant et nous. 1 Timothée 2:5 " Car il y a un seul Dieu, et aussi un seul médiateur entre Dieu et les hommes, Jésus Christ homme" Ma sœur et mon frère évitez cette hérésie des vautours et loups unis ensemble ont proposé avec succès au peuple de Dieu une " mère de Dieu". Satan a parmi ses acolytes une puissance démoniaque appelée " Reine du ciel " en charge de jouer sur le sentimentalisme, voir Jérémie 44, La reine du ciel à l'aide d'une autre puissance démoniaque appelée JEZABEL, plus particulièrement chargée par Satan de détruire l'amour de la parole de Dieu et l'Esprit de Dieu dans l'Eglise que vous êtes, kidnappent le véritable Jésus en font un petit Jésus et élèvent à sa place sur le trône une mère de Dieu. La reine du ciel a existé de tous temps sous divers noms : Sémiramis, Isis, Diane, Fatima, Astarté etc. Mais dès le début de la Chrétienté, Satan a œuvré pour qu'on la camoufle sous un autre nom : Marie. C'est en 431 à Ephese, que la chrétienté apostat a mis Marie sur le trône à la place de Jésus, Satan la faisant nommer mère de Dieu. Marie que nous savons toutes et tous incapable s'est référé à Jésus lors de la fête de noce de CANA en demandant " faites tout ce qu'il va vous dire". Bienaimé (e), soyez des croyants qui lisent la parole de Dieu et qui vérifient dans la bible tour ce que l'on vous raconte afin d'éviter les fables et séductions spirituelles de tout bord. Alors personne ne pourra vous voler la vérité pour vous faire avaler un évangile tordu et massacré. Ainsi personne ne viendra vous donner un faux Jésus ou "un petit Jésus" vous conduisant à adorer des chefs spirituels comme dieu.
Merci de dire non aux faux évangiles.
TERRE ECOUTE LA VOIX DU SEMEUR

ILS SE DONNERONT UNE FOULE DES DOCTEURS SELON LEURS PROPRES DÉSIRS

Bienaimé(e), ils se font des docteurs. De la parole de Dieu pour faire perdre la foi en Christ le véritable à des milliards des voisines et voisins. 2 Timothée 4: 3-4 : " car il viendra un temps où les hommes ne supporteront pas la saine doctrine, mais, ayant la démangeaison d'entendre des choses agréables, ils se donneront une foule des docteurs selon leurs propres désirs, détourneront l'oreille de la vérité et se tourneront vers les fables." Ma sœur et mon frère que l'Esprit de Dieu vous aide à dénicher ces vautours, rapaces, agents du diable et prédateurs qui exploitent le peuple de Dieu au moyen de paroles trompeuses à savoir l'Évangile de prospérité et autres faux évangiles comme ils ont compris que la grande partie du peuple croyant ne supporte pas l'exigence du Dieu vivant en matière de sainteté, de discipline et surtout la nouvelle naissance . Ces vautours recherchent l'argent des croyants, ces loups dominent avec cruauté et dévorent les croyants, ces rapaces mettent leurs griffes sur les vulnérables dont la détresse est si grande, le désespoir si profond que faute de solution dans leurs vie, ils sont facilement la proie de ces dénommées " Homme de Dieu" surtout quand ces prédateurs sont déguisés en bergers remplis d'amour qui prétendent agir au nom du Seigneur Jésus.
Bienaimé(e), ces docteurs de la parole de Dieu se moquent que les brebis se perdent. Ils aiment les succès de se tenir sur la chaire et attirer à eux et non à Christ le Seigneur Jésus des grandes foules. Ils ont l'art de concocter des prédications qui ne dérangent personnes spirituellement et qui chatouille agréablement les oreilles des naïfs qui refuse d'être conduit par la parole de Dieu et l'Esprit de Dieu. Quel jugement attend ces vautours ? On le sait : " Jésus Christ leur a lancé en Matthieu 23, huit fois d'affilée une imprécation : " Malheur à vous".
Merci de prendre une décision pour ce faire.
TERRE ÉCOUTE LA VOIX DU SEMEUR

MIRACLE DE LA NOUVELLE NAISSANCE

Bienaimé (e), le plus beau et le plus grand des miracles du Seigneur Jésus Christ est celui de " la nouvelle naissance de l'âme" Jean 3:3 -5 Ma sœur et mon frère avez-vous déjà reçu votre miracle de la part de notre Père céleste ? Si vous voulez voir Dieu, passer une éternité dans sa présence où il y a abondance de joie, si vous voulez être sauvé d'une éternité de malheur avec le diable et ses anges " il vous faut être né de nouveau" Pesez bien cela car à cette vérité est lié le sort de votre âme. Vous direz peut être comme le docteur Nicodème " comment puis- je naitre de nouveau ?" Eh bien Christ lui-même nous répond. Nicodème étonné, lui aussi, demandait : " comment un homme peut-il naitre quand il est vieux ? Peut-il entrer une seconde fois dans le sein de sa mère et naitre ?" Christ lui répond : " En vérité, en vérité, je te dis : Si quelqu'un n'est né d'eau et de l'Esprit, il ne peut entrer dans le royaume de Dieu" Ce qui signifie que la parole de Dieu " l'eau" arrivant à la conscience du pécheur par la puissance de l'Esprit de Dieu et étant reçue par la foi dans l'âme, produit une nature que la femme/l'homme n'avait jamais eu au par avant c'est à dire " une nouvelle vie en Christ", l'ancienne vie d'esclave du péché est effacée" La parole de Dieu est comparée à de l'eau dans plusieurs écritures, dans Ephésiens 5 : 26, Paul parlant de l'Eglise " Afin de la sanctifier en la purifiant et en la lavant par l'eau de la parole" En français facile naitre de nouveau c'est : votre âme écoute la parole de Dieu, par la puissance de l'Esprit de Dieu vous recevez la foi en Christ comme Seigneur et Sauveur de votre âme et décide de commencer une vie nouvelle avec zéro péché jusqu'au retour de Christ. Bienaimé (e), sans cette vie régénérée, il est impossible de voir le Dieu vivant. Merci d'être conduit par la Parole de Dieu et l'Esprit de Dieu, préalable pour voir Dieu.

TERRE ECOUTE LA VOIX DU SEMEUR

LA PAROLE DE DIEU EST VÉRITÉ

Bien-aimé (e), ne soyez pas parmi les milliards des voisines et voisins qui ont refusé et/ou abandonné la foi en Christ le Véritable pour s'attacher à des esprits séducteurs et à des doctrines des démons. 1 Timothée 4:1: " Mais l'Esprit dit expressément que dans les derniers temps, quelques-uns abandonneront la foi, pour s'attacher à des esprits séducteurs et à des doctrines des démons. "Ma sœur et mon frère, comment considérez-vous la Sainte bible ? Psaume 119:105 " Ta parole est une lampe à mes pieds, Et une lumière sur mon sentier " Ainsi s'est exprimé le Psalmiste hébreu. De nos jours, seulement une minorité de personnes ont un tel respect pour la Parole de Dieu. En ce 20eme siècle, celle-ci existe sous forme d'un livre : " La Sainte bible" largement produite et diffusée en plusieurs langues. Pourtant la majorité des humains refusent de l'accepter comme " lampe pour leurs pieds et ne laisse pas la bible éclairer leur route/ vie. A l'inverse, nous fille/fils de Dieu, nous faisons notre les paroles du Psalmiste. Pour nous " la Bible est un guide donné par Le Dieu vivant. Nous retenons les conseils de 2Timothée 3:16: " Toute Écriture est inspiré de Dieu, et utile pour enseigner, pour convaincre, pour corriger, pour instruire dans la justice". Nous sommes convaincus que nous pouvons connaitre un avenir radieux nous et nos familles en gardant cette vérité comme notre état d'esprit et en appliquant les principes bibliques dans notre vie. Ainsi nous aurons une belle conduite parmi les nations : 1Pierre 2:12 " Ayez au milieu des païens une bonne conduite, afin que, là même où ils vous calomnient comme si vous étiez des malfaiteurs, ils remarquent vos bonnes œuvres, et glorifient Dieu, au jour où il les visitera".
Merci de prendre une décision pour ce faire.
TERRE ECOUTE LA VOIX DU SEMEUR

METTRE EN PRATIQUE LA PAROLE ET NE PAS SE CONTENTER DE L'ECOUTER

Bienaimé (e), vous êtes parmi les milliers des gens qui vont remplir les stades, les cathédrales, les églises et autres lieux de culte vous êtes heureux, pourvu que vous le pratiquiez. Nous voyons dans ce monde beaucoup des ministères, religions et œuvres de Dieu, il y a eu des bonnes et des mauvaises. Les seules œuvres bonnes sont celles qui sont inspirées et conduites par le Saint-Esprit. Dieu a préparé les bonnes œuvres pour nous, pour que nous les pratiquions. Et ceci afin que le nom du Père qui est dans les cieux soit glorifié et non le nom du père spirituel, du bishop, de sa sainteté le pape, de Marie, du révérend père, de l'apôtre, du prophète et autres faiseurs des miracles.
Nous glorifions notre Père qui est dans les cieux seulement si nous mettons sa parole en pratique. Ça ne sert à rien d'écouter la parole de vie, la répéter, de donner témoignage de celle-ci si nous ne la mettons pas en pratique. Dans Jacques 1:22-24 nous lisons : "Mettez en pratique la parole, et ne vous bornez pas à l'écouter en vous trompant vous-mêmes par des faux raisonnements. Car, si quelqu'un écoute la parole et ne la met pas en pratique, il est semblable à un homme qui regarde dans un miroir son visage naturel, et qui, après s'être regardé, s'en va, et oublie aussitôt comment il était."
Bienaimé (e), ne soyez pas un auditeur oublieux qui ne met pas en pratique la parole parfaite du Dieu vivant qui vous rend libre, vous l'avez peut-être gardé dans votre mémoire sans sa mise en pratique au quotidien.
Merci de prendre une décision pour ce faire.
TERRE ECOUTE LA VOIX DU SEMEUR

ETRE ESCLAVE DE DIEU POUR VIVRE LIBRE
bienaimé (e), les croyants sont des esclaves de Dieu : " ils dépendent totalement de Christ" C'est cette vérité un peu oubliée que je veux rappeler à toutes les filles et fils du Dieu vivant. Car ce n'est qu'à ce prix que les croyant (es) vivront une authentique liberté débarrassée de leur ancien esclavage de Satan et seront dévoué s à leur ", Maître" qu'est Christ le véritable et ne prendront jamais sa place comme la réalité que nous vivons où les serviteurs se comportent maintenant comme des véritables Seigneurs.
Paul, Jacques, Pierre et Jude se définissent comme des esclaves de Christ. Et plusieurs textes font de tous les croyants des esclaves. 1 corinthiens 7:22 ", En effet, l'esclave qui a été appelé par le Seigneur est un affranchi du Seigneur, de même, l'homme libre qui a été appelé est un esclave de Christ." En effet même dans le ciel, nous serons des esclaves qui adorerons notre " Dieu". Apocalypse 19:5 " Une voix sortit du trône et dit" Louez notre Dieu vous tous ses serviteurs, vous qui le craignez, petits et grands."
Merci d'être humble dans toute votre vie et laissez notre Christ être élevé comme Seigneur et Sauveur.
TERRE ÉCOUTE LA VOIX DU SEMEUR

DIEU EST ESPRIT CEUX QUI L'ADORE LES FONT PAR ESPRIT ET EN VERITE
Bienaimé (e), pour adorer le Dieu vivant qui est Esprit nous devons avoir son Esprit saint et nous laisser guider par celui-ci. Aussi nous devons l'adorer dans la vérité. C'est quoi la vérité ? La bible est claire : Jean 17:17 " Sanctifie- les par ta vérité : ta parole est la vérité." Pour communier avec Dieu nous devons être fils/filles ayant la puissance du Saint esprit et être conforme à ce que sa parole dit de lui. Sans ces deux préalables, nous ne rendons pas un culte agréable à Dieu. C'est pour cette raison Que Christ se révèle aux samaritains pour dire qu'ils adorent un Dieu qu'ils ne connaissent pas " DIEU". De même aujourd'hui plusieurs personnes font du tapage nocturne et diurne, voir du folklore de dizaines et même des centaines des jours d'adoration et cela sans les deux préalables. Christ demande ainsi aux samaritains de ne plus aller prier dans les montagnes mais hélas 2020 ans après des milliers des gens dans la ville de Kinshasa en République Démocratique du Congo montent encore prier vers les montagnes dénommées "MANGENGENGE". D'autres quittent leurs milieux pour aller chercher de l'eau miraculeuse pour résoudre leurs problèmes dans un village dénommé " Nouvelle Jérusalem".
Oh mon Père céleste, mon peuple périt par manque de la connaissance.
Merci de prendre une décision pour ce faire.
TERRE ÉCOUTE LA VOIX DU SEMEUR

TOUS CEUX QUI SONT CONDUITS PAR L'ESPRIT DE DIEU SONT FILS DE DIEU
Romains 8:14
Bienaimé (e), tous ceux qui sont habituellement conduits par l'Esprit de Dieu sont fils de Dieu. Le terme "fils" employé ici parle de maturité, il ne s'applique pas à un enfant, mais à celle ou celui qui a grandi dans le Seigneur Jésus. Pour devenir une fille/fils de Dieu, il vous faut naitre de nouveau par l'Esprit de Dieu. Si vous voulez grandir pour atteindre la maturité et être "une femme/homme fait" il vous faut être constamment conduit par le Saint esprit. La triste vérité est que un bon nombre des croyants, pourtant nés de nouveau n'ont pas ce pouvoir/puissance venant de notre Père céleste. Par conséquent, ils n'arrivent jamais à la

Maturité. Bienaimé (e), est ce que le Saint esprit est en vous ? Si le Saint esprit est en vous c'est que la force de Dieu est en vous alors vous êtes fille/fils de Dieu, réjouissez-vous.
Merci de prendre une décision pour ce faire.
TERRE ÉCOUTE LA VOIX DU SEMEUR

DEUX MONDES DIAMÉTRALEMENT OPPOSÉS. Bien aimé(é), Le royaume de lumière du Christ Dieu est un monde d'égalité entre les filles et les fils de ce royaume. Mathieu 20:1-16. Ici dans cette parabole le christ appelle à chaque heure à chaque instant ces disciples de 8h - 18h, ceux et celles appelés le matin et ceux du soir reçoivent la même bénédiction. Par contre dans ce monde, le royaume des ténèbres dirigé par Satan c'est un monde d'égoïsme et d'inégalité : nous venons de le vivre avec le partage des riz et de poulet des fêtes de fin d'année. " Le chef, le général" 3 sacs de riz soit 150 kg, 3 cartons de poulet soit 30 kg. Au contraire "l'agent de l'État" reçoit : 5 à 10 de riz et 2 poulets. Quelle honte! Les chargés de distribution s'accaparent du reste bien-aimé (é) soixante ans âpres l'indépendance, un pays " paradis terrestre où tout pousse sauf rien, les riz pourrissent dans les territoires faute d'évacuation, un État avec des décideurs sérieux ne peut-il pas mettre fin à l'importation des riz et poulet qui avilisse l'agent de l'État ? Il y'a lieu des planifier dès janvier 2020 une production locale à distribuer aux agents dès l'État d'ici fin 2020. Merci de prendre une décision pour ce faire. TERRE ÉCOUTE LA VOIX DU SEMEUR

MON CORPS, MON AME ET MON ESPRIT BENISSE L'ETERNEL POUR SES BIENFAITS, EN 2019.
Bien-aimé (e) bénissez l'Éternel pour ses bienfaits en 2019, proverbes 1:1-5 (1 Bénis l'Éternel, mon âme ! Que tout ce qui est en moi bénisse son saint nom! 2 Bénis l'Éternel, mon âme et n'oublie aucun de ses bienfaits ! 3 C'est lui qui pardonne toutes tes fautes, qui guérissent toutes tes maladies. 4 C'est lui qui délivre ta vie de la tombe, qui te couronne de bonté et de compassion. 5 C'est lui qui rassasie de bien ta vieillesse, qui te fait rajeunir comme l'aigle.) Merci de prendre une décision pour ce faire. TERRE ECOUTE LA VOIX DU SEMEUR

MESSIE, LE VÉRITABLE DIEU-HOMME EST VENU POUR UN BUT.
Bien aimé (e), Emmanuel, Dieu avec nous est venu pour sauver l'âme perdue.1 Timothée 1.15: " Cette parole est certaine et digne d'être pleinement reçue: le Christ Jésus est venu dans le monde pour sauver les pécheurs, dont moi je suis le premier ".Bien aimé(e), êtes-vous la seconde personne sauvée? Merci de prendre une décision pour ce fait.
TERRE ÉCOUTE LA VOIX DU SEMEUR

MENSONGE : Noël devenu fête d'achat habits des enfants, du commerce et du plaisir du corps
Bienaimé (e), l'ennemi de l'homme et de la femme créés à l'image de Dieu vivant ne peut pas permettre à ces derniers de commémorer avec quiétude la venue du Messie, Le Véritable qui l'a écrasé et le dépouiller de tout pouvoir sur nous. Pour ce faire le diable s'emploie à endormir le monde dans l'achat des jouets et habits pour les enfants, un moment de faire maximum d'intérêt dans le commerce avec père Noël et tout acte de plaisir du corps. Pendant que les morts, celles et ceux qui n'ont pas eu la lumière du

christ dans leurs âmes sont pris en otage, nous les élus nous chantons avec les anges " hosanna. Hosanna, il est né Jésus qui ôte les péché du peuple." chantons : voici Noël, ô quel beau jour, Jésus est né quel grand amour. C'est pour nous qu'il vient sur la terre, qu'il prend sur lui notre misère, un Sauveur nous est né. Le fils nous est donné.
Merci de prendre une décision pour ce faire
TERRE ECOUTE LA VOIX DU SEMEUR.

MARCHER SELON L'ESPRIT
Bienaimé (e), le peuple israélite dans sa marche vers la terre promise était conduit par l'Esprit de Dieu, derrière l'Arche de l'Alliance. Nous de la nouvelle alliance dans notre marche vers la Jérusalem céleste la bible nous exhorte à " marcher selon l'Esprit". Galates 5:16 :" Je dis donc : marchez selon l'esprit et vous n'accomplirez pas les désirs de la chair." La chair est l'expression que la bible utilise pour décrire tout ce qui, dans la personne s'oppose à Dieu et à sa volonté, en d'autre terme " le péché." bienaimé (e), quand vous marchez, vous avancez, du monde vers la Jérusalem céleste. Pour pouvoir marcher dans l'Esprit, il faut d'abord recevoir l'Esprit. L'Esprit pour nous enfants de Dieu est le Saint Esprit venant du Père céleste, une puissance réelle. Si vous recevez ce pouvoir dans votre vie, un nouveau jour commence dans votre vie. C'est le commencement d'un chapitre extrêmement intéressant de votre vie.
C'est lui qui connait le chemin que Christ a ouvert quand il était sur la terre. Il vous permet d'échapper le péché et vous met en contact avec tout ce qui bénit en vous apportant la joie et la paix.
Merci de prendre une décision pour ce faire.
TERRE ECOUTE LA VOIX DU SEMEUR

LA NOURRITURE DE L'AME DU CROYANT
Bienaimé (e); la parole de Dieu est pour le croyant sa nourriture. Christ lors de sa tentation au désert a répondu à l'ennemi en affirmant de vive voix: Matthieu 4:4 "Jésus répondit : il est écrit : l'homme ne vivra pas de pain seulement, mais de toute parole qui sort de la bouche de Dieu." Jésus a répondu à chacune des trois attaques de l'ennemi en utilisant l'expression " Il est écrit". Étant disciple de christ, il est fondamental pour nous de faire comme le maitre et de connaitre la bible, sa parole. Une bonne connaissance des Écritures nous permet d'éviter de tomber dans les ruses de notre ennemi. Jésus n'a-t-il pas dit que tout disciple accompli sera comme son maitre ? La parole de Dieu est ce qui nourrit le croyant, c'est celle qui fait vivre l'âme. Sans la parole de Dieu, nous ne pouvons pas croire et nous fortifier en Christ. C'est notre nourriture spirituelle ! Le fait de ne pas connaitre les Écritures fait de nous des croyants sous-alimentés souffrant d'anorexie spirituelle. Bienaimé, (e), enfant du royaume de Dieu qui refuse de nourrir votre âme. Par la bible, sachez-le que les enfants du royaume des ténèbres offrent des sacrifices et se nourrissent du mensonge savamment élaboré par le père du mensonge, le diable à travers les loges maçonniques, les clubs, les réseaux mystiques, les ordres, les sectes et autres maisons sataniques. Et comme ils se sont approprié toute la richesse de notre Père céleste, ces agents du rusé voyagent à travers les six continents pour se partager et se nourrir de mensonge.
Merci de prendre une décision pour ce faire.
TERRE ECOUTE LA VOIX DU SEMEUR

L'AME ET L'ESPRIT DÉFINITION ET SIGNIFICATION DANS LA BIBLE

Bien aimé(e), l'âme et l'esprit ne sont pas différenciés dans la bible, mais ils sont néanmoins distincts dans des rares versets, lorsque cela est nécessaire. Le mot grec « Psiché. » employé dans le Nouveau Testament pour désigner l'âme correspond au mot hébreu « Nephesch. » dans l'Ancien Testament. Matthieu 11 :29 « Prenez mon joug sur vous et recevez mes instructions, car je suis doux et humble de cœur, et vous trouverez le repos pour vos âmes. » Jean 12 :27 « Maintenant mon âme est troublée. Et que dirais-je ? ... Père, délivre –moi de cette heure ? ... Mais c'est pour cela que je suis venu jusqu'à cette heure." Et le mot grec « Pneuma. » du Nouveau Testament correspond au mot hébreux « Ruach. » de l'Ancien Testament et désigne l'esprit. Genèse 41 :8 « Le matin, Pharaon eut l'esprit agité. Et il fit appeler tous les magiciens et tous les sages de l'Egypte. Il leur rencontra ses songes. Mais personne ne put les expliquer à Pharaon. Corinthiens 5 :4 -5 « Au nom du Seigneur Jésus, vous et mon esprit étant assemblés avec la puissance de notre Seigneur Jésus, Qu'un tel homme soit livré à Satan pour la destruction de la chair afin que l'esprit soit sauvé au jour du Seigneur Jésus.
La différence entre âme et esprit semble résider dans le fait que l'esprit est cognitif, capable d'avoir conscience de Dieu et de communiquer avec lui. Alors que l'âme est le siège des affections, des désirs, des émotions et de la volonté.
Bien aimé(e), encore une fois je vous exhorte à garder sans péché votre âme, qui est votre trésor devant le Seigneur Le Véritable plus que la richesse et le pouvoir de ce monde.
Merci de prendre une décision pour ce faire.
TERRE ECOUTE LA VOIX DU SEMEUR

LA DÉFINITION BIBLIQUE DU CORPS

Bienaimé (e,) le corps est l'élément matériel que nous recevons à la naissance, imparfait, souillé par le péché, il se dégrade au cours des ans. Romains 6 : 12 "Que le péché ne règne donc point dans votre corps mortel, et n'obéissez pas à ses convoitises." Mais le corps est important, il permet de servir Christ Le Véritable. Romains 12 : 1 " Je vous exhorte donc, frère par les compassions de Dieu, à offrir vos corps comme un sacrifice vivant, saint, agréable à Dieu, ce qui sera de votre part un culte raisonnable." En plus, c'est en notre corps que le Saint Esprit vient habiter lorsque nous acceptons l'œuvre du Christ à la croix pour nous. Que nous nous repentons de nos péchés et acceptons son pardon. 1 Corinthiens 6 : 19 " Ne savez-vous pas que votre corps est le temple du Saint Esprit qui est en vous, que vous avez reçu de Dieu et que vous ne vous appartenez point à vous-même ?" Mon frère et ma sœur, et c'est aussi ce corps même complètement dégradé après la mort, qui sera au jour choisi par Dieu, ressuscité sous une nouvelle forme. Romains 8:11 " et si l'Esprit de celui qui a ressuscité Jésus d'entre les morts habite en vous, celui qui a ressuscité Christ d'entre les morts rendra aussi la vie à vos corps mortels par son Esprit qui habite en vous." également 1Corinthiens 15:42 à 53 " Ainsi en est. Il de la résurrection des morts. Le corps est semé corruptible, il ressuscite incorruptible. Verset 44" Il est semé corps naturel, il ressuscite corps spirituel, s'il y a un corps naturel, il y a aussi un corps spirituel.". Verset 53: " Car il faut que ce corps corruptible revête l'incorruptibilité, et que ce corps mortel revête l'immortalité." Bienaimé (e), assurez-vous si le Jour J vous revêtez un corps spirituel.
Merci de prendre une décision pour ce faire
TERRE ECOUTE LA VOIX DU SEMEUR

L'AME QUI PECHE MOURRA

Bien aimé(e), garder jalousement votre âme.
L'homme et la femme possède une nature d'ordre moral qui forme une trinité composée du corps, de l'âme et de l'esprit. 1 Thessaloniciens 5 :23 « Que le Dieu de paix vous sanctifie lui-même tout entiers, et que tout votre être, l'esprit, l'âme et le corps, soit conservé irréprochable, lors de l'avènement de notre Seigneur Jésus Christ. » l'âme est le siège des affections, des désirs, des émotions et de la volonté qui doit recevoir les instructions de la part du Seigneur et se conduire d'une manière digne de l'évangile que nous avons reçu. Les Saintes écritures nous préviennent. Ézéchiel 18 :20 « l'âme qui péché c'est celle qui mourra. Le fils ne portera pas l'iniquité de son père et le père ne portera pas l'iniquité de son fils. La justice du juste sera sur lui et la méchanceté du méchant sera sur lui. » Deutéronome 24 :16 « On ne fera point mourir les pères pour les enfants et l'on ne fera point mourir les enfants pour les pères, on fera mourir chacun pour son péché. Apocalypse 20 :12 « Et je vis les morts, les grands et les petits, qui se tenaient devant le trône. Des livres furent ouverts. Et un autre livre fut ouvert, celui qui est le livre de vie. Et les morts furent jugés selon leurs œuvres, d'après ce qui était écrit dans les livres.
Bien aimé(e), votre corps tiré de la terre rentre dans la terre, seule votre âme rendra compte à notre Seigneur le Véritable
Merci de prendre une décision pour ce faire.
TERRE ECOUTE LA VOIX DU SEMEUR

LE SAINT ESPRIT : SEULE PUISSANCE DE LA VIE NOUVELLE
Bien aimé(e),
L'Esprit de Dieu fait plus que donner la vie à un pécheur mort : il est aussi la puissance de cette vie nouvelle : Éphésiens 1 :13 et corinthiens 6 :19. Lorsqu'une personne , sous l'action de l'Esprit de Dieu , reconnait sa condition misérable, confesse ses péchés accepte les vérités de l'écriture concernant la personne et l'œuvre de notre Seigneur Jésus Christ, croit à ce que l'Ecriture appelle « l'Evangile de son salut » le Saint Esprit vient sceller le croyant et faire sa demeure en lui , son corps devient « le temple du Saint Esprit »Il ne s'appartient plus à lui-même, mais il a été « acheté à prix » Bien aimé(e), sur les murs d'un hôtel on pouvait lire la pancarte suivante : « cet établissement sera ouvert de nouveau sous une direction entièrement nouvelle » cette annonce peut nous faire penser au passage que nous venons de citer : la maison était la même, les fenêtres , les portes, les cheminées, les dépendances n'avaient pas changé mais elle avait un nouveau propriétaire et de ce fait une direction entièrement nouvelle . Il en est ainsi du croyant. C'est le même individu, avec les mêmes facultés qu'il avait avant sa conversion : il a peut être les mêmes occupations, les mêmes conditions de vie, mais il est devenu la propriété personnelle d'un autre. Il appartient à Christ, et comme tel, il est placé maintenant sous « une direction entièrement nouvelle. », car le Saint Esprit demeure dans le corps du disciple de Christ, en fait c'est sa résidence, et gouverne d'après des principes célestes. La force du croyant pour toute activité selon Dieu, c'est sa puissance pour résister à la chair, pour « faire mourir les actions du corps. » (Romains 8 :13). Le Saint Esprit en nous, Bien aimé(e), est alors une Puissance suffisante pour nous amener à vivre selon les désirs de notre nouvelle nature. Veillons à ne pas attrister Celui qui est venu pour nous diriger, « le Saint Esprit de Dieu. » par lequel nous avons été scellés pour le jour de la rédemption (Éphésiens 4 : 30).
Merci de prendre une décision pour ce faire.
TERRE ECOUTE LA VOIX DU SEMEUR

EN CHRIST LA VIE ET LA VICTOIRE

Bienaimé(e), LA VIE, nous l'avons en Jésus Christ : jean 5 :24 « En vérité, en vérité, je vous le dit, celui qui écoute ma parole et qui croit à celui qui m'a envoyé, a la vie éternelle et ne vient point en jugement, mais il passe de la mort à la vie. » Bienaimé(e), 1 jean 5 :11 : « Dieu nous a donné la vie éternelle, et cette vie est en son fils. » Pour ce faire, nous ne pouvons pas avoir le même regard sur la mort avec ceux qui sont dans le monde. Philippines 1 :21 « Car Christ est ma vie, et la mort m'est un gain. »

LA VICTOIRE, nous l'avons en Christ : 1 jean 5 : 4-5 « car tout ce qui est né de Dieu triomphe du monde, et la victoire qui triomphe du monde, c'est notre foi. Qui est celui qui triomphe du monde, sinon celui qui croit que Jésus est le fils de Dieu. » . Nous sommes nés de Dieu par la foi en Jésus Christ. Bien aimé(e), voilà ce qui fais de nous des vainqueurs. Donc, Christ est mort pour le pardon de nos péchés et pour que nous ayons la vie. L'Esprit est en nous et Dieu demeure en nous comme nous en lui.

Merci de prendre une décision pour ce faire.

TERRE ECOUTE LA VOIX DU SEMEUR

LE DISCIPLE DU CHRIST EST LA LUMIERE DU MONDE

Bienaimé(e), la deuxième image utilisée par le Seigneur après « le sel. » est celle de « la lumière du monde. » une déclaration du Seigneur affirmant que pendant le temps de son absence, ses disciples seraient la lumière du monde en plus d'être le sel de la terre. Matthieu 5 :14-16 : « Vous êtes la lumière du monde : une ville situées sur une montagne ne peut être cachée. Et on n'allume pas une lampe pour la mettre sous le boisseau, mais on la met sur le chandelier, et elle éclaire tous ceux qui sont dans la maison. Que votre lumière luise ainsi devant les hommes, afin qu'ils voient vos bonnes œuvres, et qu'ils glorifient votre Père, qui est dans les cieux ».

Christ veut attirer notre attention dans cette double image, notre double responsabilité. Le sel agit à l'encontre de corruption et pourritures tandis que la lumière chasse les ténèbres. Quand le fils de Dieu a été ici-bas sur la terre, il était la vraie lumière du monde (jean 1 :9). Mais bien que Christ fut et soit la pleine révélation de Dieu, l'image du Dieu invisible (jean 1 :18 et Colossiens 1 :15), les hommes et les femmes du monde ont haï la lumière, parce que leurs œuvres étaient mauvaises et qu'ils ne voulaient pas se voir mis à nu (jean 3 :19-20).

Or Christ dit à ses disciples : « vous êtes la lumière du monde. » quand il a été rejeté et qu'il est monté au ciel, il a alors établit les siens pour répandre à sa place la lumière divine parmi les hommes et les femmes. Bien qu'ils étaient autrefois eux-mêmes « ténèbres. ». Ils sont maintenant « lumière dans le Seigneur. » Par là ils sont rendus capables de marcher comme « enfants de lumière. ».

Bienaimé(e), vous êtes déjà enfant de lumière, répandez la lumière divine parmi les hommes et les femmes vivant encore dans les ténèbres du péché loin de Christ afin qu'ils voient vos bonnes œuvres, et qu'ils glorifient votre Père, qui est dans les cieux.

Merci de prendre une décision pour ce faire.

TERRE ECOUTE LA VOIX DU SEMEUR

LE CROYANT EST LE SEL DE LA TERRE

Bien aimé(e), Christ commence déjà dans le sermon sur la montagne à insérer une série de petites paraboles dans son enseignement dans Mathieu chapitre 5 :13 : la parabole du sel de la terre et celle de la lumière du monde. « Vous êtes le sel de la terre : mais si

le sel a perdu sa valeur, avec quoi sera – t-il salé ? Il n'est plus bon à rien qu'à être jeté dehors et à être foulé aux pieds par les hommes. » Christ parle de Ses disciples, de ceux qui professent être de Son coté à lui, le roi légitime de son royaume. Ici Christ ne dit pas qu'ils doivent être le sel de la terre, mais qu'ils le sont. Il n'exhorte pas mais expose une vérité. Le sel jouait déjà un rôle important dans l'ancien testament. Tout sacrifice devait être salé de sel (Marc 9 :49), mais aussi les holocaustes (Ézéchiel 43 :24) et même l'encens saint (Exode 30 :35). Exercer le service du temple sans sel était de fait impensable (Esdras 6 :9). Le prophète Elysée assainit les eaux de Jéricho en jetant du sel dans l'eau de source (2 rois 2 :19 – 22). « Le sel. » représente un principe conservateur agissant contre la corruption et la pourriture. Il symbolise les droits de Dieu lorsqu'il agit avec l'homme. Ce n'est pas par hasard que la forme de jugement atteignant la femme de lot consista en ce qu'elle fut pétrifiée en une statue de sel (Genèse 19 : 26). Dans quelle mesure les disciples du Christ « salent-ils. » la terre ces jours ? Par quel moyen maintiennent –ils les droits de Dieu dans ce monde qui ne reconnait ni lui ni ce à quoi il a droit ? De quelle manière contrecarrent-ils la corruption morale parmi Ces hommes et femmes corrompus, injustes, égoïstes et plein de convoitise ? Tout simplement par une vie dans la crainte de Dieu et la justice. Le Saint Esprit les préserve de tout ce qui est impur, et suscite dans le cœur la sainteté et la consécration pour Dieu. C'est ainsi qu'ils ont Christ en eux, rendent témoignage contre le mal au quotidien.
Bien aimé(e), si nous les disciples de Christ abandonnons notre sainteté pratique et notre dévouement pour Dieu comme ça s'observe partout dans les différents pays nous perdons notre caractère de sel et nous sommes entièrement sans valeur pour le monde. Merci de prendre une décision pour ce faire.
TERRE ECOUTE LA VOIX DU SEMEUR

DANS LE CADRE DE LA THÉOLOGIE PRATIQUE VOICI NOTRE LIVRE
« UN AN LA TERRE ECOUTE LA VOIX DU SEMEUR. » de Jules LWESSO KISALIMA, Editions Universitaires Européennes.

LE PLUS PROFOND DÉSIR DU CHRIST A L'ÉGARD DES SIENS : SE RÉINCARNER DANS LE CROYANT

Bien aimé(e), dans sa prière sacerdotale, Jean 17 :26, il dit : « Afin que l'amour dont tu m'as aimé soit en eux, et que je sois en eux. » ces mots si simples, mais riches de sens, expriment le plus profond désir du Seigneur à l'égard de ses disciples. Il veut, par-dessus tout, se réincarner dans le croyant.
Christ veut se former en nous, galates 4 :19 , l'apôtre Paul a dit : « Mes petits-enfants, pour qui j'éprouve de nouveau les douleurs de l'enfantement, jusqu'à ce que Christ soit formé en vous ». Le désir ardent de Paul, c'est que Christ soit formé en chaque croyant. Nous devons considérer Christ comme le centre de notre vie. Suivant la parole de Paul : « Christ est tout et en tous. » Donc si réellement Christ est devenu notre vie, que se passera –t-il, lors de son apparition ? Colossiens 3 :4 dit : « quand Christ notre vie apparaîtra, alors vous paraîtrez aussi avec lui dans la gloire. » En somme, Christ et le croyant véritable forment une unité complexe. C'est pourquoi nous les croyants sur cette terre, nous sommes « CHRIST RENDU VISIBLE. », par nous Christ se manifeste et le monde voit qui « IL EST ET CE QU'IL EST. ». Par contre, si vous affirmez que vous êtes croyant, et que Christ n'est pas réellement dans votre vie, vous empêchez les autres de voir Christ, vous êtes un obstacle pour eux.

Bien aimé(e), Ne soyez pas cet obstacle qui empêche le monde de voir Christ, le véritable Messie.
Merci de prendre une décision pour ce faire.
TERRE ECOUTE LA VOIX DU SEMEUR

CHRIST EN NOUS

Bien aimé(e), il est à noter que maintenant, le Christ et le croyant sont devenus UN. « Christ en nous », c'est sa présence et sa puissance en nous. L'apôtre Paul déclare, galates 2 :20 : « j'ai été crucifié avec Christ qui vit en moi. » ici l'apôtre déclare avec certitude qu'à partir du moment où « j'ai été crucifié avec christ, celui-ci est devenu « MA VIE », maintenant, c'est lui « qui vit en moi » Pourtant, qu'est-ce que nous devons faire tout d'abord, afin que Christ soit en nous et soit notre vie ? Suivons l'ordre qu'à suivi l'apôtre Paul, c'est de nous laisser tout d'abord crucifier avec Christ. Il faut que le moi, dans notre vie en rébellion avec Dieu, notre vie charnelle, l'ancienne vie où règne le péché, notre façon de vivre dans le péché, notre amour propre, notre orgueil, notre mauvaise humeur, notre hypocrisie soient détruits sur la croix.
En fin de compte, je peux dire comme Paul : « Pour moi, vivre, c'est Christ. »
Bien aimé(e), vous devez abandonner la vie charnelle pour que le Seigneur Jésus Christ devienne le centre de votre vie. Ainsi vos paroles, vos pensées, votre comportement, vos relations avec les autres doivent être animés par. « La vie de Jésus. » C'est alors que le monde verra Christ à travers tout votre être. Voilà le vrai sens de ce terme
« Christ en vous »
Merci de prendre une décision pour ce faire.
TERRE ECOUTE LA VOIX DU SEMEUR

CHRIST EST MA VIE : ETRE EN CHRIST

Bien aimé(e), « Etre en Christ. » cette expression est plus employée dans les épîtres de Paul. Elle peut être aussi la clé du Nouveau Testament tout entier, elle montre comment le croyant que vous êtes est en relation intime avec le Seigneur Jésus Christ.
Car ce terme « En christ. » montre que tout ce que Christ possède, le croyant le possède aussi en partie. C'est être là ou Christ se trouve. C'est être ce qu'il est. C'est partager ce qu'il a, c'est marcher comme Christ. Colossiens 2 :6 : « Ainsi donc, comme vous avez reçu le Seigneur Jésus Christ, marchez en lui. » .En second lieu, être en christ, c'est être auprès de Christ. Partout où le croyant se promène, Christ est toujours à côté de lui et en lui. Christ devient réel dans sa vie. Partout il sent la présence de Christ et fait sentir la présence du christ aux autres. Christ transforme sa vie, afin qu'elle devienne comme la sienne. Là où il est l'on sent Christ. C'est l'odeur du Christ qui se répand à travers sa vie. Ainsi « Christ devient sa vie. » ou notre vie.
Bien aimé(e), « Etre en christ c'est être ce qu'est Christ. » Tout ce qui est en christ se retrouve aussi dans le croyant. Sa sainteté devient ma sainteté, sa justice est ma justice, sa gloire est ma gloire, ses sentiments sont mes sentiments, son amour est mon amour. Comme il m'aime je dois aussi aimer les autres, il m'a pardonné, je dois pardonner aux autres, il prêchait toujours la vérité, moi aussi je dois le faire, il faisait la volonté de son père, moi également je dois faire la volonté de mon Père qui est aux cieux. En faisant cela le Seigneur me considère comme son frère. Ainsi le croyant est tellement enveloppé

par la personne du Seigneur Jésus que Dieu ne peut voir Jésus sans nous voir. 1 jean 4 : 17 : « Et c'est la nature de son fils qu'il voit en nous »
Merci de prendre une décision pour ce faire.
TERRE ECOUTE LA VOIX DU SEMEUR

RECHERCHEZ LES REALITES D'EN HAUT NON A CELLES DE LA TERRE

Bienaimé(e), l'apôtre Paul écrit aux Colossiens 3 :1-5 : « Frères si vous êtes ressuscité, avec Christ, recherchez les réalités d'en haut : c'est là qu'est le Christ, assis à la droite de Dieu. Pensez aux réalités d'en haut non à celles de la terre. En effet, vous êtes passés par la mort, et votre vie reste cachée avec Christ en Dieu. Quand paraitra le Christ, votre vie, alors vous aussi, vous paraitrez avec lui dans la gloire. Faites donc mourir en vous ce qui n'appartient qu'à la terre : débauche, impureté, passion ; désir mauvais, et cette soif de posséder, qui est une idolâtrie. Plus de mensonge entre vous : vous vous êtes débarrassés de l'homme ancien qui était en vous et ses façons d'agir et vous vous êtes revêtus de l'homme nouveau qui, pour se conformer à l'image de son créateur se renouvèle sans cesse en vue de la pleine connaissance. Ainsi, il n'y a plus le païen et le juif, le circoncis et l'incirconcis, il n'y a plus le barbare ou le primitif, l'esclave et l'homme libre, mais il y a le Christ : il est tout en tous. »
Bienaimé(e), n'allons guère derrière les trésors de ce monde, comme, d'ailleurs tant des gens font souvent, n'ayons pas leur comportement !
Merci de prendre une décision pour ce faire.
TERRE ECOUTE LA VOIX DU SEMEUR

TOUT N'EST QUE VANITE DANS CE MONDE

bienaimé(e), vous les boucs qui prennent en abandonnant vos frères et sœurs dans le dénuement total, la bible rappel que tout n'est que vanité dans ce monde.
Ecclésiaste 1 :22-23. « Que revient-il, en effet, à l'homme de tout son travail et de la préoccupation de son cœur, objet de ses fatigues sous le soleil ? Tous ses jours ne sont que douleur, et son partage n'est que chagrin, même la nuit son cœur ne repose pas. C'est encore là une vanité. »
La société moderne fait que les gens n'ont plus de temps pour se préoccuper de leur âme. En effet, le monde nous pousse toujours à travailler plus pour soi-disant gagner toujours plus de l'argent. Ce qui fait qu'on passe la majorité de notre temps à toujours travailler et toujours travailler pour par la suite satisfaire le désir de notre chair par l'argent que nous avons gagné. Ce qui fait que la majorité des personnes n'ont même plus le temps de se tourner vers Dieu car ils ont tellement pris par leur vie sur terre que même l'idée de nourrir leur âme en allant vers Dieu ne vient même pas à leur esprit. Satan a bien compris tout cela en volant le temps des gens. Comme il est le prince de ce monde ; il instaure tout sorte d'embuche empêchant les gens de se confier à Dieu.
Il y en a même qui travaille du lundi au dimanche si bien qu'ils n'ont même pas le temps de se reposer et d'autant plus qu'ils ne profitent pas même de ce qu'ils gagnent. Quoique l'on fasse sur cette terre, rappelons –nous bien que notre vie ici n'est que passagère. Et notre âme prendra la direction soit de la vie éternelle en Jésus Christ soit de l'enfer éternel avec le diable ou il n'y aura que des cris et des grincements de dents. C'est pourquoi l'ecclésiaste dit : « que tout ce qu'on cherche à obtenir dans cette vie terrestre n'est que vanité et poursuite du vent si on n'a pas pris soin de préparer notre futur éternel ». On aura beau accumuler toutes les richesses de la terre, si on n'a pas

Jésus Christ, le Seigneur et Sauveur de l'humanité. Tout cela ne mènera à rien. Jésus Christ est le seul chemin pour accéder à la vie éternelle et seuls ceux qui auront cru en lui et ceux qui ont accompli sa volonté hériteront de cette vie éternelle.
Bienaimé(e), nous venons de voir un dirigeant africain qui a combattu les blancs, régné sans partage pendant plus de 30 ans quitter ce monde sans amener avec lui aucun bien matériel dans son cercueil. Vanité de vanité.
Merci de prendre une décision pour ce faire.
TERRE ECOUTE LA VOIX DU SEMEUR

SATAN VIENT VOLER, TUER ET DETRUIRE
Bien aimé(e), « que Satan n'ait pas de prise sur nous, car nous n'ignorons pas ses intentions. » 2 corinthiens 2 :11. Jésus compare souvent les croyants des brebis et il se présente comme le bon berger qui donne sa vie pour les brebis. Il est venu « afin qu'elles aient la vie en abondance. » Jésus souligne le contraste entre le bon berger et le voleur qui ne veut que du mal aux brebis. En effet, « le voleur ne vient que pour voler, égorger et détruire, moi je suis venu afin que les brebis aient la vie, et qu'elles soient dans l'abondance. » Jean 10 :10. Ce voleur représente Satan qui cherche à nuire aux croyants surtout en ce moment des derniers jours. Ses intentions sont claires :
1. Voler : Satan cherche à priver le croyant de ce qu'il a reçu : la paix de Dieu, la certitude et la joie du salut, la conviction d'être aimé par le Père, l'espérance de la gloire. Il profite de ses défaillances pour l'accuser et semer le trouble dans son cœur,
2. Tuer : à sa conversion, le croyant a reçu une nouvelle vie nouvelle qui désire plaire à Dieu. Mais Satan veut le tuer, c'est-à-dire empêcher cette vie divine de s'épanouir et d'avoir des effets dans sa conduite.
3. Détruire : Par ses mensonges, Satan s'attaque aux fondements de la foi dans le but de déstabiliser le croyant. Il met continuellement en doute la parole de Dieu. Il s'applique aussi à produire le découragement, à empêcher le croyant de progresser, à entraver l'œuvre de Dieu en lui.
Bienaimé(e), soyons sur nos gardes si nous voulons profiter de nos richesses spirituelles, vivres à la gloire de Dieu et grandir dans la foi. Cherchez la proximité du bon berger. La bible l'affirme : « Reste avec moi, ne crains rien, car celui qui cherche ma vie cherche la tienne, près de moi tu seras bien gardé. » Samuel 22 :23 .
Merci de prendre une décision pour ce faire.
TERRE ECOUTE LA VOIX DU SEMEUR

UNE GRANDE RECOMPENSE VOUS ATTEND
Bien aimé(e),
Le fait de « donner ne passera pas inaperçu. Paul encouragea les membres à Éphèse à donner. Éphésiens 6 :8 « Sachant que chacun, soit esclave, soit libre, recevra du Seigneur selon ce qu'il aura fait de bien. » plu tard Paul expliqua :
Hébreux 6 :10 « Car Dieu n'est pas injuste pour oublier votre travail et l'amour que vous avez montré pour son nom, ayant rendu et rendant encore des services aux saints. »
Bien aimé(e), le Jour J viendra ou le Christ rassemblera toutes les nations devant lui. Matthieu 25 :31-33. Il placera les brebis à sa droite et les boucs à sa gauche. Les brebis représentent ceux qui donnent, et ceux à qui Dieu donnera son Royaume. Le Christ leur dira « venez, vous qui êtes bénis de mon Père, prenez possession du royaume qui vous

a été préparé dès la fondation du monde. Car j'ai eu faim, et vous m'avez donné à manger, j'ai eu soif, et vous m'avez donné à boire, j'étais étranger et vous m'avez recueilli, j'étais nu, et vous m'avez vêtu, j'étais malade et vous m'avez rendu visite, j'étais en prison, et vous êtes venus vers moi. Puis les justes lui demanderont : « Seigneur, quand t'avons-nous vu avoir faim et t'avons donné à manger ; ou avoir soif et t'avons – nous donner à boire ? Quand t'avons-nous vu étranger et t'avons-nous recueilli, ou nu et t'avons-nous vêtu ? Quand t'avons- nous vu malade ou en prison, et sommes – nous allés vers toi ? Quelle sera la réponse de Christ ? « Je vous le dis en vérité, toutes les fois que vous avez fait ces choses à l'un de ces plus petits de mes frères, c'est à moi que vous les avez faites. Bien aimé(e), une issue plus sombre attend les « boucs - ceux qui prennent. » Car ils recevront la récompense de leur égoïsme, de leur cupidité, de leur avarice, des gens qui n'hésitent pas à sacrifier leurs frères , sœurs et parents à cause des biens matériels périssables, ils font affronter les gens à travers le monde pour mieux les piller et les dépouiller, ils exterminent les autres par la propagation des virus et des armes; ils ont installé un système sauvage d'affaiblissement des êtres humains et des peuples en vue de prendre leurs ressources et de les maintenir dans la dépendance et la précarité sans nom.
Ils recevront un châtiment définitif, tandis que les justes entreront dans la vie éternelle.
Bien aimé(e), vos œuvres consistent –elles à « donner » ou à « prendre » ?
Merci de prendre une décision pour ce faire.
TERRE ECOUTE LA VOIX DU SEMEUR

PLUS DE BONHEUR A DONNER QU'A RECEVOIR

Bien aimé(e),
Au cours de son dernier voyage missionnaire l'apôtre Paul fit une halte dans la ville de Milet. Il parle des sujets très importants aux anciens d'Ephèse. Paul leur rappel qu'il avait toujours survenu à ses propres besoins ainsi qu'aux besoins des autres. Il exhorte les anciens d'Ephèse à se souvenir des paroles de Jésus Christ qui déclara : « il y a plus de bonheur à donner qu'à recevoir. » Actes 20 :35. Pour un croyant
« Pourquoi y a-t-il plus de bonheur à donner qu'à recevoir ?
Bien aimé(e), le monde actuel est dirigé par deux grands principes :
1. Le principe satanique de la cupidité, de la convoitise, de l'égoïsme et de la vanité appelé « la voie de prendre. », le capitalisme sauvage,
2. Le principe de « donner. » Qui correspond à la nature divine intrinsèque de donner. Il donna sa propre vie. Hébreux 12 : 1-3. Les écritures rappellent que « l'homme dont le regard est bienveillant sera béni, parce qu'il donnera son pain aux pauvres." Proverbes 22 : 9. Le secret de la joie véritable est de nous donner d'abord nous –même à Dieu. Puis de donner aux gens autour de vous. ».
Le Seigneur ne se fatigue jamais de donner de lui-même pour les autres. L'apôtre Paul écrivit aux frères et sœurs dans galates 6 :10 : « Ainsi donc, pendant que nous en avons l'occasion, pratiquons le bien envers tous et surtout envers les frères en la foi. »
Merci de prendre une décision pour ce faire.
TERRE ECOUTE LA VOIX DU SEMEUR

LA VIE DE L'APÔTRE PAUL ET ÉVANGILE DE PROSPÉRITÉ

Bien aimé(e),
Prenons l'exemple de l'apôtre Paul : l'application de ce principe de prospérité voudrait qu'un homme de Dieu aussi fidèle et engagé pour son Maître jouisse d'une parfaite santé et soit comblé de biens .Or que nous dit la bible à ce sujet ? Concernant son statut social et la considération liée à son zèle religieux. Paul déclare qu'il considère ces choses comme une perte et qu'il les estime désormais comme des ordures à cause de l'excellence de la connaissance du Christ Jésus. Philippiens 3 :7-8. Après avoir abandonné tous les privilèges de son rang de pharisien, Paul exerçait un métier : il fabriquait des tentes pour subvenir à ses besoins et à ceux des autres. Nulle mention d'une réussite éclatante, d'une entreprise qui prospère en récompense de son service ou de sa fidélité comme c'est le cas ce jour avec les Fondations de prophètes, des Bishops et des évêques généraux au nom de Jésus.
Il a été lui-même dans le besoin. 2 Corinthiens 11 :8 au moment de quitter Éphèse pour son dernier voyage à Rome, il rappelle aux croyants avec qui il a vécu « je n'ai convoité ni l'argent, ni l'or, ni le vêtement de personne. Vous savez vous-même que ces mains ont été employées pour mes besoins et pour les personnes qui étaient avec moi. Je vous ai montré en toutes choses qu'en travaillant ainsi il nous faut secourir les faibles. » Actes 20 :33-35.
Concernant sa santé, Paul avait un problème sans doute physique (une écharde pour la chair) qui le faisait souffrir, et dont il aurait voulu être délivré : « trois fois j'ai prié le Seigneur de l'éloigner de moi, et il m'a dit : Ma grâce te suffit. Car ma puissance s'accomplit dans la faiblesse dit le Seigneur. » 2 corinthiens 12 :8-9.
Bien aimé(e), pouvez-vous pensez que cette réponse de Dieu pour Paul était la conséquence d'un manque de foi ou d'obéissance de l'Apôtre Paul ? Certainement pas: Dieu permettait cette épreuve et voulait que Paul qui avait appris à être content dans les circonstances où il se trouvait se repose entièrement sur sa grâce. Donc la grâce et la paix de Dieu suffisent pour les vrais croyants.
Merci de prendre une décision pour ce faire.
TERRE ECOUTE LA VOIX DU SEMEUR

POURQUOI SUIS –JE PAUVRE ?
Bien aimé(e),
Un croyant pauvre peut être amené à se poser beaucoup de question. Pourquoi suis-je dans cette situation ? Pourquoi Dieu a-t-il permis que je naisse dans un pays pauvre ? Est-ce un jugement, la conséquence d'un manque de fidélité ? Qu'ai-je fait pour mériter cela ?
Bien aimé(e), non, la pauvreté n'est pas une « punition » Jésus, le Fils de Dieu, a pris sur la terre la place la plus humble. 2 corinthiens 8 :9 « Pour vous, lui qui était riche a vécu dans la pauvreté. » Luc 9 :58 « Il n'avait pas de lieu ou reposer sa tête. » Luc 8 : 3 « Ses besoins terrestres étaient assurés par des personnes qui « l'assistaient de leurs biens. » Quand jésus a eu besoin d'une pièce de monnaie, il a dû la demander à ceux qui l'écoutaient. A sa suite, les apôtres ont été pauvres. Mathieu 17-24-27 « et il leur faut un miracle pour trouver l'argent nécessaire pour payer l'impôt. Pierre son apôtre déclare au boiteux qu'il va guérir dans Actes 3 :6 « je ne possède ni argent ni or, mais ce que j'ai, je te le donne. ». Aujourd'hui, l'ennemi, le rusé propage « l'évangile de la prospérité. » qui présente la réussite, la richesse et la bonne santé comme conséquences directes de la fidélité aux commandements bibliques, on promet que Dieu comblera de richesses matérielles à ceux qui donnent la dîme aux prédicateurs. Ce faux enseignement

du Diable s'oppose à la fois à celui du Seigneur et à celui des apôtres. C'est pervertir l'évangile du Christ comme l'indique Paul dans Galates 1 : 6 -7 « Je m'étonne que vous vous détourniez si promptement de celui qui vous a appelés par la grâce de Christ pour passer à un autre évangile. Non pas qu'il y ait un autre évangile, mais il y a des gens qui vous troublent, et qui veulent altérer l'évangile de Christ. ».
Bien aimé(e), soyez humble comme celui qui vous a appelé dans son royaume. Il connait tous vos besoins au quotidien. C'est un Dieu merveilleux qui pourvoit à tous vos besoins. Sa grâce et sa paix vous suffissent. Il est question seulement de lui rester obéissant et il agira.
Merci de prendre une décision pour ce faire.
TERRE ECOUTE LA VOIX DU SEMEUR

RICHES EN BONNES ŒUVRES

Bien aimé(e), Au fond du cœur de tout être humain existe le désir de posséder toujours davantage. 3 tendances sont ancrées dans nos cœurs naturels :
1. Le désir de possession qui nous fait convoiter sans cesse ce qui nous plait,
2. La jalousie qui nous pousse à nous comparer et à vouloir ce que l'autre possède,
3. L'égoïsme qui se traduit par le refus de partager ce que nous avons avec d'autres qui ont moins que nous. Dans tout cela qu'est ce qui doit caractériser la vie du croyant sur la terre ? La foi en action, la dépendance de Dieu chaque jour, la recherche de sa volonté dans toutes les circonstances.
Le grand danger lorsque l'on possède beaucoup de richesses est de se détourner de cette vie de foi : - Au lieu de compter sur Dieu, nous risquons de mettre notre confiance dans nos richesses,
- Un chrétien riche peut aussi tomber facilement dans des pièges que l'ennemi placera devant lui entraînant autant de comportements qui peuvent troubler des frères et sœurs plus pauvres et être un contre-témoignage pour les incroyants qui devaient au contraire « observer nos bonnes œuvres. »
1 Pierre 2 :12 « Ayez au milieu des païens une bonne conduite, afin que là même où ils vous calomnient comme si vous étiez des malfaiteurs, ils remarquent vos bonnes œuvres, et glorifient Dieu, au jour où il les visitera »
A ceux à qui Dieu accorde de la prospérité matérielle, il donne en même temps un commandement très clair :
1 Timothée 6 : 17-19 « Recommande aux riches du présent siècle de ne pas être orgueilleux, et de ne pas mettre leur espérance dans des richesses incertaines, mais de la mettre en Dieu, qui nous donne avec abondance toutes choses pour que nous en jouissions. Recommande –leur de faire du bien, d'être riches en bonnes œuvres, d'avoir de la libéralité, de la générosité, et de s'amasser ainsi pour l'avenir un trésor placé sur un fondement solide ,afin de saisir la vie véritable. ».
Les riches doivent aussi être attentifs, s'ils ont la responsabilité de faire travailler des salariés à leur rendre ce qui leur est dû avec équité et justice. Jacques 5 : 1-6 .
La richesse ne doit pas s'acquérir au détriment des autres :
« A vous maintenant, riches ! Pleurez et gémissez, à cause des malheurs qui viendrons sur vous, vos richesses sont pourries, et vos vêtements sont rongés par les teignes, Votre or et votre argent sont rouillés, et leur rouille s'élèvera en témoignage contre vous et dévorera vos chairs comme un feu. Vous avez amassé des trésors dans les derniers jours ! Voici le salaire des ouvriers qui ont moissonné vos champs, et dont vous les avez

frustrés, crie et les cris des moissonneurs sont parvenus jusqu'aux oreilles du Seigneur des armées. Vous avez vécu sur la terre dans les voluptés et dans les délices, vous avez rassasié vos cœurs au jour du carnage. Vous avez condamné, vous avez tué le juste, qui ne vous a pas résisté. »
Merci de prendre une décision pour ce faire.
TERRE ECOUTE LA VOIX DU SEMEUR

AVEUGLEMENT DU MONDE – TÉNÈBRES MORALES ET SPIRITUELLES
Bien aimé(e),
Satan avec sous ses ordres une multitude de démons, prend le contrôle de ce monde, dont il est le chef. Jean 12 :30-31 « jésus dit : ce n'est pas à cause de moi que cette voix s'est fait entendre, c'est à cause de vous. Maintenant a eu lieu le jugement de ce monde, maintenant le prince de ce monde sera jeté dehors. » Quelques instants avant d'être saisi pour mourir sur la croix, le Seigneur déclare : « je ne parlerai plus guère avec vous, car le prince du monde vient. Il n'a rien en moi. Jean 14 :30 . Jean 16 :11 . « Le jugement parce que le prince de ce monde est jugé. » Sous sa terrible influence, des ténèbres ont envahi la terre. Les incrédules, amorcées par leurs convoitises et leurs passions, ne sont que des jouets entre ses mains. Il les tient asservis, leur vie durant, par la crainte de la mort. Éphésiens 4 :18-19 : « ils ont l'intelligence obscurcie ; ils sont étrangers à la vie de Dieu, à cause de l'ignorance qui est en eux, à cause de l'endurcissement de leur cœur. Ayant perdu tout sentiment, ils se sont livrés au dérèglement, pour commettre toute sorte d'impureté jointe à la cupidité/ avarice/amour de l'argent. ». Satan se sert de moyens tels que le paganisme, la philosophie, la science, la superstition, le matérialisme, pour le faire égarer. Leur entendement est obscurci de sorte qu'ils ne peuvent parfois pas entendre les appels pressants de la grâce de Dieu sans qu'un seul trait de lumière vienne atteindre leur conscience et leur cœur. Leurs pensées sont aveuglées par le dieu de ce siècle qui vient de surcroît ravir la parole des qu'ils l'ont entendue. 2 corinthiens 4 :4 « pour les incrédules dont le dieu de ce siècle a aveuglé l'intelligence, afin qu'ils ne voient pas briller la splendeur de l'évangile de la gloire de Christ, qui est l'image de Dieu. ». Marc 4 :14-15 « le semeur sème la parole. Les uns sont le long du chemin, ou la parole est semée, quand ils l'ont entendue; aussitôt Satan vient et enlève la parole qui été semé en eux. »
Bien aimé(e), ne soyez pas aveuglé par Satan.
Merci de prendre une décision pour ce faire.
TERRE ECOUTE LA VOIX DU SEMEUR

LES VRAIES RICHESSE DU CROYANT, SON TRESOR
Bienaimé(e),
Comme venons de le voir l'amour de l'argent c'est l'idolâtrie. Ne soyez pas idolâtre, celle ou celui que Satan tient enchainé. Comment alors devons-nous se comporter comme enfant de Dieu face à l'argent ? Nous sommes encore dans le monde mais nous ne sommes plus du monde. Nous avions été rachetés à prix, nous appartenons à Christ mort et ressuscité pour nous. 1 Corinthiens 6 :20 : « Car vous avez été rachetés à un grand prix glorifiez donc Dieu dans votre corps et dans votre esprit qui appartiennent à Dieu. ». Regardez comment nos bénédictions ne sont plus terrestres et donc fugitives comme décrit proverbes 23 : 4-5 mais elles sont liées à un Christ glorifié, assis dans les lieux célestes. Ce sont d'inépuisables trésors conservés pour l'éternité. Ephésiens 1 :18 «

Qu'il illumine les yeux de votre cœur, pour que vous sachiez qu'elle est l'espérance qui s'attache à ton appel, quelle est la richesse de la gloire de son héritage qu'il réserve aux saints. » 1 Pierre 1 :4 « Pour un héritage qui ne peut ni se corrompre, ni se souiller, ni se flétrir, il vous est réservé dans les cieux. »
Le Seigneur Jésus met alors les siens en garde : « Ne vous amassez pas des trésors sur la terre, ou la teigne et la rouille gâtent, et ou les voleurs percent et dérobent ; mais amassez –vous des trésors dans le ciel... car là ou est ton trésor, sera aussi ton cœur. » Matthieu 6 :19-21. Allons –nous donc cherchez à acquérir ici-bas un trésor quelconque, au risque de voir notre cœur s'y attaché ou s'y laisser prendre ?
Bienaimé(e), faite un bon choix dans l'utilisation des biens vous confiez pendant votre séjour sur la terre.
Merci de prendre une décision pour ce faire.
TERRE ECOUTE LA VOIX DU SEMEUR

GUEHAZI AVAIT L'AMOUR POUR L'ARGENT DE LONGUE DATE
Bien aimé(e),
Dans l'ancien Testament Guehazi, indigne serviteur d'Elisée, la cupidité n'avait, sans doute, pas eu l'occassion pendant longtemps de se manifester comme l'activité du prophète Elisée s'exerçait surtout en faveur des pauvres du troupeau de l'Eternel. Mais, à la vue des riches présents apportés par Naaman, la convoitise latente surgit. Peu importe à Guehazi si sa conduite met en péril l'œuvre de Dieu chez Naman. Pour justifier, s'il le pouvait, son forfait, il ose se réclamer lui aussi, de l'Eternel. Apres tout, les biens dont il veut s'emparer n'appartiennent-ils pas à un étranger, à un syrien ? 2 Rois 5 :20.
Bien aimé(e), retenons les paroles d'Elisée, elles sont toujours d'actualité : « Est- ce le temps de prendre de l'argent, et de prendre des vêtements, et des oliviers et des vignes et du menu et du gros bétail, et des serviteurs et des servantes ? 2 Rois 5 : 26-27. La fraude n'a pas permis à Guehazi d'échapper au jugement. La lèpre de Naman, la conséquence du péché, s'est attachée à lui et à sa progéniture pour toujours.
Certains(es) parmi nous prennent de l'argent en échange avec de l'eau et de l'huile donnés aux affligés et aux malades pour obtenir la délivrance et la guérison miracle. Nous avons reçu gratuitement la parole de Dieu et ses bénédictions, donnons aussi gratuitement aux autres en vue de peupler le royaume de notre Père.
Merci de prendre une décision pour ce faire.
TERRE ECOUTE LA VOIX DU SEMEUR

JUDAS ISCARIOTE ENCHAÎNE PAR SON IDOLE
Bien aimé(e),
Vous ne pouvez servir Dieu et Mammon. L'exemple de Judas est plus frappant. Il avait probablement peu de chose dans sa bourse qui lui était confiée. Mais il aimait secrètement l'argent et ce terrible maître l'entraînait irrésistiblement. Quand six jours avant la pâque, Marie vient oindre les pieds de Jésus avec une livre de nard de grand prix, Judas aussitôt interroge : « pourquoi ce parfum n'a-t-il pas été vendu trois cents deniers et donné aux pauvres ? » jean 12 :5. Il suppute en connaisseur la valeur de ce don, mais il est incapable de comprendre le rafraîchissement que cet acte d'amour apportait au cœur du Seigneur, et autres disciples, à qui les motifs de Judas paraissent valables, s'indignent à leur tour : « A quoi bon cette perte ? » Matthieu 26 :8. Mais la parole met à nu les motifs réels de Judas : « Il dit cela, non pas qu'il se souciât des

pauvres mais parce qu'il était voleur, et qu'il avait la bourse et portait ce qu'on y mettait. » Jean 12 :6. Il n'est pas besoin de beaucoup posséder pour être un idolâtre. Il suffit de convoiter. Cette terrible passion de l'argent, plus que toute autre, ouvre la porte à Satan. Dans un instant, Judas livrera le Seigneur Jésus pour une somme bien moindre. Puis, saisi de remords, le « fils de perdition. » ira se pendre.
Merci de prendre une décision pour ce faire.
TERRE ECOUTE LA VOIX DU SEMEUR

LES TROIS DERIVES LIEES A L'ENGRENAGE DE L'ARGENT ET DES RICHESSES

Bienaimé (e),
La bible nous interpelle sur 3 dérives liées à l'amour de l'argent :
1. L'idolâtrie
En aimant l'argent vous tombez dans l'idolâtrie en faisant de l'argent le Mammon qu'on sert à coté ou à la place de Dieu. Ainsi l'apôtre Paul souligne " Faites donc mourir ce qui, dans vos membres, est terrestre, la débauche, l'impureté, les passions, les mauvaises désirs, et la cupidité/avarice, qui est une idolâtrie." Colossiens 3:5.
2. L'Esclavage
C'est l'histoire du jeune homme riche qui n'est pas prêt à partager sa richesse aux nécessiteux. Il est dépendant vis à vis de l'argent qui l'empêche de choisir Jésus Christ comme Seigneur et Sauveur de sa vie. L'argent le rend finalement esclave.
3. L'endurcissement du cœur
1Timothee 6:9-11."Mais ceux qui veulent s'enrichir tombent dans le piège, et dans beaucoup de désirs insensés et pernicieux qui plongent les hommes dans la ruine et la perdition. Car l'amour de l'argent est une racine de tous les maux, et quelques-uns, en étant possédés, se sont jetés eux-mêmes dans bien des tourments. Pour toi homme de Dieu, fuis ces choses, et recherche la justice, la piété, l'amour, la patience, la douceur.
Merci de prendre une décision pour ce faire.
TERRE ECOUTE LA VOIX DU SEMEUR

VOUS NE POUVEZ SERVIR DIEU ET MAMMON

Bien aimé(e), un grand danger.
Matthieu 6 : 24 . A ses disciples groupés autour de lui sur la montagne, le Seigneur déclare : « Nul ne peut servir deux maîtres, car il haïra l'un et aimera l'autre, ou il s'attachera à l'un et méprisera l'autre : vous ne pouvez pas servir Dieu et Mammon. » Il parle de Mammon comme d'une puissance injuste, capable de prendre possession du cœur de l'homme, de le plier à sa loi et de devenir son idole.
L'homme et la femme en ce temps des derniers jours prétendent se servir de l'argent, ils se trompent lourdement. C'est Mammon ou plutôt Satan qui est caché derrière l'idole qui les asservissent.
Les effets de cet esclavage de l'argent sont visibles dans ce monde dominé depuis la chute par l'Ennemi. Tout se vend ou s'achète, y compris les êtres et organes humains, les armes pour tuer, les âmes, la drogue et divers stupéfiants comme disent les saintes écritures dans Amos 8 :6 : « Puis nous achèterons les misérables pour l'argent, Et le pauvre pour une paire de souliers et nous vendrons la criblure du froment. ».
Ezéchiel 27 :13 : « Javan, Tubal et Méschec trafiquaient avec toi, ils donnaient des esclaves et des ustensiles d'airain en échange de tes marchandises. » Le prince de ce

monde séduit par les biens matériels périssables et les entraînent dans la perdition. Proverbes 18 :11 : « les biens du riche sont sa ville forte et, comme une haute muraille, dans son imagination. ».
Pourtant le cœur reste vide, insatisfait, Dieu seul pourrait le remplir. Ecclésiaste 5 :10 : « Celui qui aime l'argent n'est pas rassasié par l'argent, et celui qui aime les richesses ne l'est pas par le revenu. ».
Merci de prendre une décision pour ce faire.
TERRE ECOUTE LA VOIX DU SEMEUR

LE MWAMI FRANCOIS MUBEZA III QUI INCARNAIT LA MODERNISATION ET L'ÉMERGENCE DU TERRITOIRE DE MWENGA

Chers(es) fils et filles de Mwenga qui n'ont pas connu le Mwami François Mubeza III de la chefferie de LUINDI.
En image le Mwami François Mubeza III Naluindi, pantalon rouge et Chemise bleu, de gauche à droite à côté du digne fils Kamundala Ngandu qui représentait le Mwami Ali Bemba, Jonas Mutiki Lutala, administrateur du territoire et l'ainé le Mwami Kalenga Lwango. Nous sommes à Mwenga, Chef-lieu du territoire quelques mois avant cette date fatidique du massacre du Mwami François, tous les acteurs (trices) du mouvement associatif de Kilungutwe à Luino pour planifier « MWENGA FUTUR. » avec l'ambition d'envisager comment chaque habitant et habitante de Mwenga pourrait vivre avec au moins 1200$ par mois compte tenu de l'immensité de nos ressources.
Les prédateurs à travers leurs exécutants décidés à enclaver le territoire pour mieux le piller sont venus mettre fin à ce rêve de ces trois bamis et la population entière par cette mort atroce du Mwami François, quelques jour après, le Mwami Ali Byemba était tombé dans leur piège. Le Mwami Kalenga Lwango a été sauvé de justesse et caché comme le Mwami Ngweshe et Kabare par les fils et filles de Mwenga. Mais le pire arriva avec l'assassinat d'un digne fils Pascal Kabungulu Kibembi à Bukavu.
Oh Mwenga, le plan pour ta modernisation existe, tes fils et tes filles te libéreront un jour de cet enclavement et pillage.
Nous disons comme les américains « In God we Trust. »
(Nous croyons en Dieu)

MAIS TOUT ÉTAIT COMMUN ENTRE EUX

Bien aimé(e),

L'avarice, ce capitalisme sauvage, fait qu'un groupe s'accapare de toutes les ressources disponibles abandonnant la majorité des citoyennes et citoyens dans la misère, « Le pasteur Patron de sa fondation. » vit dans l'opulence et la majorité des fidèles vit avec moins d'un dollar par jour sans se gêner n'est pas le plan de Dieu pour l'humanité . Les disciples du Seigneur au début de l'Eglise doivent rester notre modèle à suivre. Actes 4 :32- 35 « La multitude de ceux qui avaient cru n'était qu'un cœur et qu'une âme. Nul ne disant que ses biens lui appartînt en propre, mais tout était commun entre eux. Les apôtres rendaient avec beaucoup de force témoignage de la résurrection du Seigneur Jésus et une grande grâce reposait sur eux tous. Car il n'y avait parmi eux aucun indigent : tous ceux qui possédaient des champs ou des maisons les vendaient, apportaient le prix de ce qu'ils avaient vendu, et le déposaient aux pieds des apôtres, et l'on faisant des distributions à chacun selon qu'il en avait besoin ».

Merci de prendre une décision pour ce faire.

TERRE ECOUTE LA VOIX DU SEMEUR

LA PARABOLE DU RICHE INSENSÉ

Bien aimé(e), La vie d'un homme ou d'une femme n'est pas fondée dans la possession des biens matériels comme nous sommes en train de vivre ce dernier temps des gens s'enrichir individuellement laissant des millions de leurs compatriotes dans la misère au niveau local, provincial, national et international et dans tous les secteurs politique, économique, social et culturel. Cette simple vérité Jésus l'enseigne clairement dans la parabole du riche insensé.

Luc 12 :13-21 « Quelqu'un dit à Jésus, du milieu de la foule : Maître, dis à mon frère de partager avec moi notre héritage. Jésus lui répondit : O homme, qui m'a établi pour être votre juge ou pour faire vos partages ? Puis il leur dit : Gardez – vous avec soin de toute avarice : car la vie d'un homme ne dépend pas de ses biens, fut-il dans l'abondance. Et il leur dit cette parabole : Les terres d'un homme riche avaient beaucoup rapporté .Et il raisonnait en lui-même, disant : que ferai-je ? Car je n'ai pas de place pour rentrer ma récolte. Voici, dit-il, ce que je ferai : j'abattrai mes greniers, j'en bâtirai de plus grands, j'y amasserai toute ma récolte et tous mes biens, et je dirai à mon âme: Mon âme, tu as beaucoup de biens en réserve pour plusieurs années : repose –toi, mange, bois, et réjouis-toi. Mais Dieu lui dit : Insensé ! Cette nuit même ton âme te sera redemandée, et ce que tu as préparé, pour qui cela sera-t-il ?

Il en est ainsi de celui qui amasse des trésors pour lui-même, et qui n'est pas riche pour Dieu.

Bien aimé(e), nous vivons dans un monde où les gens se font continuellement bombarder par des messages publicitaires exhibant les bénéfices que procure la richesse matérielle (l'avarice) qui est une philosophie faussée qui place les possessions matérielles au premier plan dans la vie actuelle.

Or il s'agit d'une inversion du diable de l'ordre divin, une déviation qui fait passer les gens à côté du but de leur existence. Dieu a créé l'homme et la femme afin que ces deux l'honorent et le servent. Ainsi l'avarice conduit à une situation contraire où la création est honorée et servie plus que le Créateur Dieu. Pour le Seigneur Jésus Christ : « Notre vie ne dépend pas de ce que nous possédons mais d'une relation juste avec Dieu. »

Merci de prendre une décision pour ce faire.

TERRE ECOUTE LA VOIX DU SEMEUR

HEUREUX SONT LES PAUVRES

Bien aimé(e),

Les Saintes écritures disent « Alors Jésus, levant les yeux sur ses disciples, dit : Heureux vous qui êtes pauvres, car le royaume de Dieu est à vous !

La bible n'enseigne jamais que la pauvreté soit une vertu en soi ! Le pauvre n'est pas près du royaume de Dieu, en tant qu'homme né dans le péché, que le riche. Il n'y a aucun mérite à être pauvre. La pauvreté ne garantit pas la spiritualité. Ce que Jésus Christ enseigne, par contre, c'est de ne pas se fier à ses richesses. Quand Jésus dit : « Heureux ceux qui sont pauvres en esprit. », il parle d'une attitude envers soi-même. C'est là que se voit la différence fondamentale entre le chrétien et l'incrédule. L'homme du monde a confiance en lui-même. Il ne doit rien à personne, il se hisse plus haut par son savoir, son éducation. Et le chrétien ? Devant Dieu, son Père, que peut –il se ressentir d'autre qu'une totale insuffisance, une pauvreté d'esprit absolue. Bien aimé(e), être pauvre en esprit la bible le déclare qu'il s'agit d'un sentiment de totale insuffisance en présence de Dieu. La bible contient de nombreux exemples de cet état d'esprit. Gédéon, quand Dieu l'envoie, il dit : « Non pas moi ! J'appartiens à la tribu et à la famille la plus insignifiante d'Israël. » L'idée de grandeur lui semble ne pouvoir s'appliquer à sa personne. D'autres comme Moise, David, Essaie dans l'ancien testament se sont montrés pauvres à leur appel par Dieu. Dans le nouveau testament Pierre et Paul également sont un modèle de simplicité. Jésus Christ lui-même est notre modèle suprême, il est égal de Dieu mais s'est fait homme. Tout en étant égal à Dieu, il proclame qu'il ne peut rien faire de lui-même, lui, le Fils de Dieu qui ordonne au vent et vagues, qui ressuscite des morts etc. il dépend entièrement de Dieu : « c'est cela être pauvre en esprit. » Donc, c'est l'absence totale d'orgueil, de fierté personnelle, savoir qu'on ne peut rien sans Dieu, son Père, savoir qu'on ne peut rien produire de valable sans Dieu, ne pas compter sur sa position dans la société, ses capacités, son éducation, son intelligence, son sens moral, sur sa bonne conduite mais plutôt sur la grâce, la miséricorde et l'amour de Dieu exprimé en Jésus Christ.

Merci de prendre une décision pour ce faire.

TERRE ECOUTE LA VOIX DU SEMEUR

LA RICHESSE EST AVEC NOTRE SEIGNEUR JÉSUS CHRIST

Bien aimé(e),

Écoutons ce conseil des Proverbes 8 :15-21.

« Par moi les rois règnent, et les princes ordonnent ce qui est juste ; Par moi gouvernent les chefs, les grands, tous les juges de la terre. J'aime ceux qui m'aiment et ceux qui me cherchent me trouvent. Avec moi sont la richesse et la gloire, les biens durables et la justice. Mon fruit est meilleur que l'or, que l'or pur. Et mon produit est préférable à l'argent. Je marche dans le chemin de la justice, au milieu des sentiers de la droiture, Pour donner des biens à ceux qui m'aiment, Et pour remplir leurs trésors. »

Bien aimé(e), cherchez et croyez en Jésus Christ pour avoir les biens durables et la justice.

Merci de prendre une décision pour ce faire.

TERRE ECOUTE LA VOIX DU SEMEUR

LE MINISTRE ET TÉMOIN DE ÉVANGILE QUI SAUVE LES ÂMES, PAUL EST UN HOMME D'UNE GRANDE EDUCATION

Bien aimé (e),
L'apôtre Paul est un homme d'une grande éducation. Il a fait ses premières études à Tarse, sa ville natale en Turquie et ensuite il a étudié à Jérusalem, avec le Professeur juif le plus connu de son temps : Gamaliel. Ceux qui le rencontraient se rendaient compte très rapidement qu'il était une personne éduquée. Lors de son arrestation à Césarée, le procureur romain Porcius Festus dira à Paul « Tu es fou, Paul, ton grand savoir te fait déraisonner. » Actes 26 :24. Paul parlait 4 langues : l'araméen, l'hébreu, le grec et probablement le latin. L'araméen sa langue maternelle, le grec celle de Tarse et de l'empire. Il connaissait bien l'hébreu, la langue des saintes écritures, citoyen romain, il parlait sans doute la langue des maîtres de l'empire. Il avait étudié la philosophie et la littérature de la Grèce. Il est devenu l'un des penseurs les plus originaux de l'histoire du Christianisme. Carlos Mesters divise la vie de Paul en 4 périodes principales :
1. De la naissance à l'âge de 28 ans : le juif pratiquant,
2. De 28 – 41 ans : l'ardent converti,
3. 41 ans – 53 ans : le missionnaire itinérant,
4. 53 ans – 62 ans : le prisonnier et l'organisateur des communautés. Il aurait été mis à mort à 62 ans. Paul est né vers l'an 8 de notre ère. Il serait donc une dizaine d'année plus jeune que Jésus de Nazareth. Donc un modèle de serviteur à suivre.
Bien aimé(e), le Seigneur des Seigneurs appelle ainsi bien les ignorants que celles ou ceux d'une grande éducation, suivez – le comme Paul.
Merci de prendre une décision pour ce faire.
TERRE ECOUTE LA VOIX DU SEMEUR

NATHANAËL, JUIF PIEUX ET STUDIEUX DEVENU DISCIPLE DE JÉSUS, ET MODEL DU CROYANT
Bien aimé(e),
Nathanaël est un disciple de Jésus qui lui est présenté par l'apôtre Philippe, il apparaît uniquement dans l'évangile selon Jean, lors du choix des premiers disciples et près du lac de Tibériade ou il est précisé qu'il est de CANA, sur la pente nord de la vallée qui relie Haïfa au lac de Galilée. Jean 1 : 43-51 et Jean 21 :2. Notons que : Nathanaël a en hébreu la même étymologie que Mathieu en araméen, à savoir : « don de Dieu. »
« Jésus, voyant venir à lui Nathanaël, dit de lui : « voici vraiment un israélite, dans lequel il n'y a point de fraude. » jean 1 :47. Bien aimé(e), qu'est-ce que Mésie le véritable dit de vous ?, Nathanaël figure du juif pieux, accomplit la louange du fidèle de Dieu en Psaume 32 :2 « Heureux l'homme à qui l'Eternel n'impute pas l'iniquité et dans l'esprit duquel il n'y a point de fraude ». IL est important de comprendre que Nathanaël ne se trouve pas parmi les 12 apôtres mais il était un savant, un docteur de la loi, et c'est pourquoi le Seigneur n'a pas voulu le mettre au nombre de ses disciples, car « il a choisi les ignorants pour confondre le monde, non pas que le Sauveur du monde ne dut pas choisir des savants , mais s'il les eût choisis tout d'abord, ils auraient attribué leur élection au mérite de leur doctrine , la louange eût été pour leur science, et la louange de la grâce dans le Seigneur Jésus en eut souffert. » .
Bien aimé(e), Jésus Christ est Omniscient, il vous connais à distance et évalue votre droiture. si vous êtes parmi celles ou ceux qui sont au service du royaume du rebelle pour faire souffrir les pauvres qu'il a créé à son image et en faveur de qui, il a enduré

la mort sur la croix afin qu'ils aient la vie en abondance, soyez rassurer que vous avez déjà votre salaire.
Merci de prendre une décision pour ce faire.
TERRE ECOUTE LA VOIX DU SEMEUR

ETES-VOUS PÊCHEUR D'HOMMES OU D'ARGENT
Bien aimé (e),
« Jésus leur dit : Suivez-moi et je vous ferai pêcheurs d'hommes. » Marc 1 :17. Jésus, voyant Simon Pierre et André en train de pêcher leur dit suivez-moi et je vous ferai pêcheurs d'hommes. Évangile nous dit qu'aussitôt ils laissèrent leurs filets et le suivirent. Mais cette parole prononcée par Christ à ces deux apôtres s'adresse également à nous qui sommes ses disciples. Dans ce passage nous voyons que le fait de suivre Christ s'accompagne naturellement du fait d'être pêcheurs d'hommes.
Bien aimé, il n'est pas aisé d'être pêcheur d'homme, décidé de suivre Christ, c'est-à-dire de marcher comme il a marché sur terre. C'est décider de porter son fardeau qui est de gagner des âmes à Christ. Quand Christ était sur terre, il a soigné les malades, il a annoncé la bonne nouvelle aux captifs à des peuples de divers horizons et plusieurs ont cru, il a porté nos fardeaux et il avait à cœur de gagner le plus d'âmes « c'est la mission nous confiée. »
En ce temps de derniers jours au lieu d'appeler les âmes à abandonner le péché et rejoindre le royaume de Dieu , nombreux (es) sont des agents au service du diable pour endormir les gens par les prières, les retraites et la musique en lieu et place de l'évangile qui sauve dans Les Fondations et Kiosques des individus qui s'enrichissent au nom de Jésus Christ .
Merci de prendre une décision pour ce faire.
TERRE ECOUTE LA VOIX DU SEMEUR
QUID DE JULES LWESSO KISALIMA.

Profil

Né à Tubungu le 27.04.1964, groupement Bashimwenda I, chefferie Basile, Territoire de Mwenga, province du Sud –Kivu en RDC.

Ses résidences à : Kinshasa, Bukavu, Kamituga, et Kitutu où il y a des plantations.

Ses études :

- Ecole Primaire Catholique à Kitutu – Ecole secondaire : Institut Tangila de Kamituga – Ecole supérieure : Institut Supérieur de Développement Rural (ISDR –Bukavu), il est Technicien de Développement Rural : option planification régionale en 1991.

Expérience professionnelle

1. 1991-1995 : animateur de l'ONG Promotion des Initiatives Locales (PIL ASBL) à Ngando – Mwenga,
2. 1995-2005 : animateur du Bureau de Développement Communautaire de la 5ème Communauté des Eglises de Pentecôte en Afrique (CELPA). Pendant ce temps il est acteur du mouvement associatif dans la ville de Bukavu et initie avec Son excellence Fernandez Murhola le Bureau de Coordination des Observateurs Indépendants des Elections (BUCOIE), une des associations fondatrices du Réseau des Associations des Droits de l'Homme au Sud-Kivu (RADHOSKI).

3. 2006 -2016 : chargé des projets au Département de la Diaconie à la présidence de l'Eglise du Christ au Congo (ECC) pendant cette période en 2008 : il est Représentant de Norwagian Church Aid (NCA) à Kinshasa et en 2010, Chef du projet de la digue de Mutambala, du marché de Baraka et la route Kazimia en territoire de Fizi, province du Sud –Kivu avec l'appui du Fonds pour la Consolidation de la Paix de la Coopération Allemande GTZ.
4. 2016 : Chef du projet de suivi des lettres de missions des Ministère de Transport et voies de communication et Energie et Ressources hydrauliques dénommé PARTICIPE –CONGO avec l'appui de DFID, la coopération britannique sous la direction de l'ONG International Rescue Committee (IRC).
5. 2016 à ce jour : Officier des Droits de l'Homme, de la Commission Nationale des Droits de l'Homme de la République Démocratique du Congo (CNDH), Expert en Droits Economiques, Sociaux et Culturels de la 25ème session du Collège Universitaire Henry Dunant de Genève en Suisse en 2018.
6. Expert du Secrétariat Général du Conseil National des Religions pour la Paix (CNRP-RDC)

Printed by Books on Demand GmbH, Norderstedt / Germany